LA GRÈCE

À

L'EXPOSITION UNIVERSELLE

DE PARIS EN 1878

NOTIONS STATISTIQUES,

CATALOGUE DES EXPOSANTS

RÉDIGÉS PAR

A. MANSOLAS,

DIRECTEUR DU BUREAU DE STATISTIQUE, MEMBRE ET SECRÉTAIRE DE LA COMMISSION CENTRALE

ATHÈNES

IMPRIMERIE DE LA PHILOCALIE

26 — RUE SOPHOCLE — 26

1878

LA GRÈCE

A

L'EXPOSITION UNIVERSELLE

DE PARIS EN 1878

NOTIONS STATISTIQUES,

CATALOGUE DES EXPOSANTS

RÉDIGÉS PAR

A. MANSOLAS,

DIRECTEUR DU BUREAU DE STATISTIQUE, MEMBRE ET SECRÉTAIRE DE LA COMMISSION CENTRALE

ATHÈNES

IMPRIMERIE DE LA PHILOCALIE

26 — RUE SOPHOCLE — 26

1878

En publiant par délégation de la Commission Centrale le Catalogue des exposants et des articles exposés dans la section de la Grèce, auquel nous avons ajouté quelques renseignements sur l'état intellectuel et industriel de notre pays, nous nous sommes efforcé d'en crayonner l'image la plus fidèle sous le point de vue multiple de la Démographie, de l'Instruction, des Etablissements de Bienfaisance, de l'Agriculture, de l'Industrie, du Commerce, de la Navigation, des Etablissements de Crédit, et des Finances du Royaume.

Pour compléter cette revue, nous avons fait précéder notre travail d'un exposé sommaire sur la Géographie, sur le Climat et sur la Géologie de la Grèce*.

Malgré les circonstances critiques que traverse la Grèce, et quoiqu'il restât bien peu de temps à la Commission pour vaquer aux travaux et aux études que réclamait la participation de notre pays à cette Exposition universelle, rien n'a été négligé pour suppléer autant que possible à l'insuffisance du temps, et pour surmonter un autre obstacle presque insurmontable, celui que présente

* L'exposé géographique a été rédigé par M. S. Lambros, l'exposé géologique par M. A. Cordella, et l'exposé climatologipue par M. Emm. Dragoumis.

le relâchement sous lequel languit notre industrie à peine naissante et essayant ses premiers pas, par suite des péripéties qui étreignent notre patrie. Et en effet, les évènements extraordinaires qui ont agité et qui agitent encore le monde Oriental, sont cause que plusieurs des industries de la Grèce ne sont pas représentées suffisamment. Dans cette catégorie il faut ranger en première ligne l'industrie de nos ateliers de forge, dont les ouvrages pacifiques depuis plusieurs mois ont cédé le pas à d'autres travaux, dont les produits font véritablement honneur à l'activité et aux soins qui ont présidé à l'exécution de machines et d'engins pour lesquels ces établissements n'étaient pas destinés !

En outre, les produits de nos filatures et de nos tissanderies auraient été représentés plus largement, si leurs travaux n'avaient pas subi une stagnation passagère, indépendante de la volonté et de la puissance de ces établissements.

C'est pour la même raison encore que l'industrie si importante de la tannerie en Grèce se trouve si imparfaitement représentée.

Dans ces conditions, la Grèce, en se montrant de nouveau dans ce grand concours international des progrès de la civilisation, n'a point certes la prétention de revendiquer l'honneur d'avoir contribué pour sa part à cette transformation universelle de l'industrie, et de disputer quelqu'une des conquêtes de l'intelligence sur la matière, comme les peuples qui comptent déjà des siècles de civilisation et d'existence nationale ; mais elle se présente, humble ouvrière du progrès, afin de prouver qu'elle ne néglige rien pour développer tous les éléments de la civilisation, et pour montrer ses tendances et ses aspirations au progrès qui sont inhérentes à son existence.

Les progrès accomplis par notre pays pendant ces dix dernières années ne sont par certainement considérables, si on examine les résultats obtenus par rapport aux résultats réalisés ailleurs. Cependant il est impossible de ne pas remarquer que, pendant ce court espace de temps, une nation nouveau-née, isolée et confinée aux extrémités du continent Européen, a pu, sans lois protectrices, élever plus de 100 établissements industriels mus par la vapeur et réunissant ensemble une force de 3,000 chevaux, — et marcher à grands pas dans la carrière de l'industrie, sous l'empire des principes libéraux, qui sont aujourd'hui regardés comme les éléments les plus efficaces et les plus actifs de l'extension et du développement des relations commerciales universelles.

Dans les Expositions universelles qui présentent, comme une autre statistique, l'état des différentes nations, non plus par des chiffres secs ou par des cartes graphiques, mais par les œuvres et par les produits mêmes, il ne serait pas possible de répondre pleinement au but de leur institution, si l'on se bornait à constater l'activité de chaque peuple exclusivement et uniquement par rapport aux autres peuples, sans tenir compte, dans cet examen et dans cette comparaison, des circonstances particulières où se meut chaque peuple, et des données du présent comparativement à celles du passé.

Ainsi quiconque voudra juger à quel point ont réussi les efforts de la Grèce pendant la courte période de quarante ans dans la carrière de la civilisation, ne devra pas oublier l'état misérable dans lequel elle se trouvait quand elle a secoué le joug de la tyrannie Ottomane.

Sous cette légitime réserve, la Grèce n'a pas hésité à prendre part à l'Exposition Universelle de Paris.

A. MANSOLAS

PREMIERE PARTIE

NOTIONS STATISTIQUES

NOTIONS

GÉOGRAPHIQUES, GÉOLOGIQUES ET CLIMATOLOGIQUES

DE LA GRÈCE

GÉOGRAPHIE

Le royaume de Grèce, situé entre 17° et 23° 48′ de longitude Est, et entre 36° 12 et 39° 15 de latitude Nord de Paris, et contenant une superficie de 50,211 milles carrés, est divisé physiquement en quatre régions complètement distinctes les unes des autres, — la Grèce continentale, le Péloponnèse, les îles d'Egée et les îles de l'Archipel Ionien.

La Grèce continentale est séparée de la Turquie aux frontières par une chaîne de montagnes qui ont pour base primitive le Scardus Illyrique, dont elles peuvent être regardées comme une suite médiate. Au-dessous du 39e degré de latitude, entre le golfe Ambracique et le golfe Maliaque, s'élève à une hauteur de plus de 7000 pieds le *Tymphrestus* (Vélouchi), comme une borne entre l'Orient et l'occident de la Grèce. Vers l'Occident s'élancent de cette montagne des chaînes de montagnes diverses qui coupent les pays situés autour de l'*Achéloüs*. Vers l'Orient s'étendent l'*Othrys* et l'*Oeta*, et celui-ci en s'avançent vers la côte laisse au sud du golfe maliaque, peut-être par suite des alluvions du fleuve *Sperchius (Alamana)*, un passage long et marécageux, le *défilé des Thermopyles*. Au sud du Tymphrestus se détache une chaîne de montagnes, sous différents noms, le *Parnasse*, l'*Hé-*

licon, le *Cithéron*, le *Parnès*, le *Pentélique*, l'*Hymette*, le *Laurium*, — laquelle se prolonge jusqu'au promontoire attique de *Sunium*. La plus haute de toutes ces montagnes est le *Parnasse* (2459 mètres), qui pendant la plus grande partie de l'année est couvert de neige.

Ainsi composée de montagnes, la Grèce continentale forme deux péninsules qui s'étendent fort avant à l'ouest et à l'est, l'Attique-Béotie et l'Acarnanie.

Le Péloponnèse (Morée) est beaucoup plus vaste que ces péninsules de la Grèce continentale. Il en est séparé par le golfe *de Corinthe* à l'ouest, et par le golfe *Saronique* à l'est. L'*Isthme de Corinthe* réunit cette péninsule à la Grèce continentale ; il a environ six milles de longueur, d'où il a pris le nom commun d'*Hexamilia*, et dans sa partie la plus étroite il n'a pas même un mille. Dans la direction de cet isthme descend du nord le mont *Gérania* (appelé vulgairement *Paléovouni*), et du sud descendent les monts *Onia* qui aboutissent près de Corinthe à l'*Acrocorinthe*.

Le Péloponnèse est divisé en cinq grandes régions. Le centre comprend l'Arcadie, entourée de très-hautes montagnes, les monts *Aroaniens (Chelmus)*, l'*Erymanthe (Olénos)* et le *Cyllène (Ziria)*, qui est le plus élevé de tous (2374 mètres). De l'Arcadie comme d'un centre les montagnes vont en descendant, et forment deux régions de plaines provenant surtout des alluvions du fleuve Alphée, l'une, l'*Elide*, vers l'ouest, l'autre, l'*Achaïe*, vers le nord, — et trois péninsules coupées par des montagnes indépendantes et distinctes, mais qui cependant par leurs racines se relient à celles de l'Arcadie. Quelques-unes sont de la même hauteur, et quelques autres sont plus élevées. Ces péninsules sont la péninsule *Argolique* à l'est, la *Messénique* au sud-ouest, et la *Laconique*, qui embrasse deux hautes chaînes de montagnes séparées par une plaine formée des alluvions du fleuve Eurotas. Ces montagnes de la Laconie sont le *Parnon (Malevo)* et le *Laygète (Pentadactylo)*, dont le premier finit à *Maléa*, et l'autre au cap *Ténare (Matapan)*.

Parmi les îles de la mer Egée quelques-unes peuvent être regardées comme se reliant physiquement au Péloponnèse : telles sont l'île de *Poros*, séparée de Trézène par un bras très étroit, *Hydra* et *Spetzia*.

Les autres îles de la mer Egée, appelées *Cyclades*, avaient dans l'antiquité pour centre sacré *Délos ;* mais aujourd'hui elles arrondissent, par ainsi dire, leur cercle autour de *Syra*, qui est la plus importante de toutes par le commerce et l'industrie. Etant toutes fort peu distantes les unes des autres, et formant des chaînes géologiques congénères, elles sont comme un pont construit par la nature de la Grèce d'Europe à l'Asie-Mineure. Les Cyclades forment deux chaînes presque parallèles, reliées comme par une troisième. La chaîne du sud, faisant suite aux montagnes de l'Attique, se compose des îles de *Zéa*, de *Kythnos* (*Thermia*), de *Sériphos* et de Siphnos ; celle du nord, à laquelle appartiement *Andros*, *Ténos* et *Myconos*, avec *Délos* et *Rénia*, est la continuation de l'Eubée ; et au cap méridional de cette même île semble se relier encore la chaîne du milieu, dont les îles de *Gyaros* et de *Syra* occupent l'extrémité nord, et les îles de *Paros* et de *Naxos* l'extrémité sud.

Plus au nord que toutes ces îles et presque parallèlement aux côtes de la Grèce continentale de l'est, depuis Sunium de l'Attique jusqu'au golfe Maliaque, se développe l'*Eubée*, la plus vaste des îles du royaume de Grèce, dont la largeur moyenne est d'environ 3 milles, la longueur de 25, et la superficie de 76 milles carrés. Le bras le plus étroit qui la sépare du continent, l'*Euripe*, relie *Chalcis* en Eubée à la côte Béotique opposée par un pont qui depuis l'antiquité mesure 200 pieds de longueur. On sait qu'il existe dans ce détroit un flux et un reflux régulier. Le nom de l'Euripe, que le peuple prononce *Egripo*, s'est étendu à toutes les îles, d'où lui est venu chez les peuples francs le nom ordinaire de *Nègrepont*. La principale des montagnes de cette île est *Delphi*, le *Dirphis* des anciens, qui a une hauteur de 5376 pieds.

En face des côtes sud-est du golfe Laconique est située

Cythère (*Cérigo*), appartenant aux îles *Ioniennes*, qui composent ce qu'on appelle les *Sept-Jles*. Les six autres îles semées dans la mer Ionienne, depuis les côtes de l'Epire jusqu'aux rives de l'Elide, sont *Corfou*, *Paxi*, *Leucade*, *Ithaque*, *Céphalonie* et *Zante*. A l'extrême nord de ces îles émerge Corfou, riche en beautés naturelles et couverte de magnifiques plantations d'oliviers ; mais la plus grande de toutes est Céphalonie, qui possède deux villes, *Lixuri* et *Argostoli*. *Leucade* ou *Sainte-Maure* est séparée de l'Acarnanie par un bras de mer très-étroit et très-bas, et souvent elle s'est trouvée réunie à la terre ferme.

La plus grande partie de la Grèce se compose de régions montagneuses. Il y a relativement peu de plaines. Les principales sont la plaine de la *Béotie*, celle de l'*Elide*, de la *Messénie*, de l'*Argolide*. Mais ces plaines elles-mêmes ne forment qu'une très petite partie des régions auxquelles elles appartiennent. Ainsi la Béotique occupe à peine le tiers de la Béotie, environ 20 milles carrés, et l'Attique à peine le quart de toute l'Attique. La plaine Messénique est la plus grande du Péloponnèse, et les champs fertiles d'Argos, de Sicyone, d'Olympie, etc., sont excessivement bornés.

Les rivières sont également peu dignes de mention, si on les compare à celles du reste de l'Europe ; aucune d'elles, du moins aujourd'hui, n'est navigable. Les plus remarquables sont l'*Achéloüs* (*Aspro-Potamo*), qui descend du Pinde et qui sépare l'Etolie de l'Acarnanie ; et l'*Alphée*, qui prend sa source dans les montagnes de l'Arcadie méridionale, et qui, après s'être perdu et retrouvé plusieurs fois, arrive enfin dans la plaine d'Olympie, et se jette près d'Agoulinitsa dans la mer Ionienne. Il y a encore quelques rivières plus insignifiantes que celles-ci, le *Sperchius* (*Alamana*), dans la Grèce continentale de l'est, qui se jette dans le golfe Maliaque, l'*Asope* en Béotie, le Céphise et l'Ilissus dans l'Attiqne, tous deux des ruisseaux insignifiants, — l'*Eurotas* qui parcourt la Laconie, le *Pamise* (*Pirnatsa*) en Messénie, et d'autres de moindre importance. Il faut y ajouter le *Céphise* de la Béotie, remarquable au point de vue hydrologique, qui coule même à travers le lac *Copaïs*, le plus grand des lacs de la Grèce, et qui couvre une superficie de 230 kilomètres.

A cause des innombrables montagnes qui hérissent un pays étroit comme la Grèce, son territoire a une conformation toute particulière. Il est remarquable surtout par sa division en une infinité de bassins indépendants les uns des autres, et par l'immense développement de ses côtes. Le sol descendant par degrés des montagnes vers les rivages, se déchire, se tasse s'enroule, se pelotonne, s'arrondit d'une façon bizarre, en formant de toutes parts des golfes, des caps, des baies, des pics : de là cette configuration plastique du territoire grec et cette prodigieuse variété dans une si petite circonférence ; de là cette nature pittoresque, embellie encore par ces nombreux monuments antiques échappés au temps et à la barbarie. Quelques autres pays de l'Europe, comme l'Ecosse et la Scandinavie, ont aussi beaucoup de côtes, mais dans un cercle beaucoup plus étendu et sous un ciel inhospitalier. La Grèce offre encore ce caractère tout particulier de réunir ces contrastes de configuration plastique dans une succession très rapide et sous le ciel le plus clément. Aucun pays du globe ne présente dans un pourtour si restreint une variation si excessive de sol, de climat et de nature. Le développement des côtes est beaucoup plus étendu vers l'orient de la Grèce et beaucoup plus propice aux communications par la mer : les côtes orientales sont dentelées de golfes et de mouillages créés par la nature, elles abondent en ports et en rades ; quant aux côtes occidentales, ou elles sont occupées par des falaises qui descendent des montagnes de l'intérieur vers la mer, ou elles n'ont que des rivages très-étroits, formés surtout d'alluvions, et ne présentant point de rades sûres. On ne rencontre que trois grands golfes ouverts sur les rivages méridionaux de la Grèce, l'*Ambracique* (golfe d'*Arta*), le *Kyparissiaque*, et entre ces deux golfes le plus grand et le plus profond de la Grèce, le golfe de *Corinthe*, qui s'avance jusqu'à une profondeur de 24 milles. Sur la côte orientale de la

Grèce on compte également trois grands golfes, le golfe de *Zitounium* (*Maliaque*), le *Saronique* et l'*Argolique;* mais il faut y ajouter encore la mer d'*Eubée* et prendre en considération la variété en général beaucoup plus grande et la diversité de formes qui caractérisent les côtes orientales.

Telle est la géographie physique de la Grèce. Administrativement le royaume est divisé em 13 nomarchies administrées par des nomarques, 59 sous-préfectures et 351 communes. Les nomarchies sont les suivantes : quatre dans la Grèce continentale, 1° l'*Attique* et *Béotie*, chef-lieu *Athènes*, 2° la *Phthiotide* et la *Phocide*, chef-lieu *Lamia*, 3° l'*Etolie* et *Acarnanie*, chef-lieu *Missolonghi*, 4° l'*Eubée,* chef-lieu *Chalcis ;* cinq dans le *Péloponnèse*, 5° l'*Arcadie*, chef-lieu *Tripolis*, 6° la *Laconie*, chef-lieu *Sparte*, 7° la *Messénie*, chef-lieu *Calamata*, 8° l'*Argolide* et la *Corinthie*, chef-lieu *Nauplie*, 9° l'*Achaïe* et *Elide*, chef-lieu *Patras* ; enfin trois dans les îles Ioniennes, 10° *Corfou*, chef-lieu *Corfou*, 11° *Céphalonie*, chef-lieu *Argostoli*, 12° *Zante*, chef-lieu *Zante*, et 13° celle des *Cyclades*, chef-lieu *Hermopolis*.

Les villes les plus importantes de la Grèce sont Athènes, Patras, Hermopolis, Corfou, Zante, Argostoli, Lamia, Missolonghi, Chalcis, Sparte, Nauplie et le Pirée.

GÉOLOGIE

Le royaume de Grèce, quoique d'une superficie très limitée, réunit sur son sol des phénomènes géologiques d'un très haut intérêt.

En grande partie montagneux, il est formé de chaînes de montagnes qui se détachent du Pinde et de l'Olympe.

La presqu'île du Péloponnèse, composée de montagnes tout-à-fait séparées du continent, forme un tout indépendant qui se distingue, non seulement par la forme de ses montagnes fort accidentées, mais aussi par l'immense agglomération crétacée qui la constitue.

Le sol de la Grèce continentale et la plupart des îles de l'archipel sont formés de roches schisteuses, de micaschiste, de chloritoschiste, de schiste argileux, serpentineur et amphibolique, qui alternent avec les bancs de calcaires saccharoïdes. Ces roches constituent aussi la cîme circulaire du mont Cyllène et presque toutes les montagnes de l'extrémité sud de la presqu'île de Morée.

Cependant les schistes du Péloponnèse n'offrent pas la grande variation de transmutation des roches schisteuses des îles, etc. Ses calcaires, quoiqu'ils soient aussi d'une texture cristalline, se distinguent de ceux des îles par la grande quantité de silice qu'ils contiennent.

La système schisteux du continent se prolonge vers les frontières, et de là se rattache à celui de l'Epire, de la Thessalie et de la Macédoine.

Les granits constituent la plus grande partie des îles de l'archipel et principalement de celles de Délos, de Mycone, de Naxos et de Ténos, et forment les assises des roches schisteuses. Les granits ne se présentent dans le continent qu'à Laurium.

Les roches serpentineuses sont très répandues dans tout le royaume de Grèce.

Les trachites appartiennent exclusivement au système volcanique de la Grèce, et les constituent la presqu'île de Méthane, de Sphairia, de Poros, une grande partie d'Egine, de Milos, de Kimolos, de Santorin et de nombreux ilots, entre ces îles.

Les actions volcaniques qui ont commeucé de produire les trachites, à partir de l'époque tertiaire, n'ont pas cessé jusqu'à l'époque géologique actuelle. Les éruptions volcaniques et l'apparition des îles Georges, Aphroessa et Réka, sorties, de nos jours, du sein de la mer dans le golfe de Santorin, nous démontrent, de la manière la plus péremptoire, que le volcan, quoique en repos pendant un siècle et demi, n'avait pas cessé son action intérieure, qui a produit ces nouvelles îles volcaniques.

Les terrains sédimentaires sont très répandus sur le sol de la Grèce, mais leur âge relatif ne dépasse pas celui du système crayeux.

C'est dans le Péloponnèse qu'on a d'abord minutieusement examiné l'immense agglomération crétacée, composée de calcaires compactes, de mornes, de jaspes, de calcaires lithographiques, qui constituent près des trois quarts de la superficie de cette peninsule.

Ce système crayeux, et surtout le calcaire à hippurites, est aussi assez développé dans l'île de Céphalonie, sur le continent et dans quelques îles des Sporades.

Les terrains tertiaires, et surtout les terrains pléocéniques sont aussi très développés et très répandus dans le Péloponnèse, sur le continent et dans les îles. Ces terrains offrent un grand intérêt, non seulement au point de vue de la richesse fossile de plantes, de coquilles et surtout des fameux mammifères de Pikermi, mais aussi au point de vue industriel, à cause des combustibles qu'ils renferment.

Les récents phénomènes, dus à l'action des eaux, offrent aussi quelque intérêt. L'Achéloüs et le Sperchius, sur le continent, n'ont point cessé leur travail géologique observé par les anciens. L'Eurotas a détruit le terrain tertiaire de la vallée qu'il arrose, et a formé des alluvions d'un grande puissance.

Les bassins Lacustres ont considérablement augmenté depuis qu'on a négligé de faciliter l'écoulement des eaux par le nettoyage des Katavothra (entonnoirs naturels), comme les lacs de Phénéos (Phonia), de Stymphale, dans le Péloponnèse, et celui de Copaïs, sur le continent.

Le flux et reflux qui se fait régulièrement plusieurs fois par jour, dans le détroit d'Euripe, est un phénomène très remarquable, à l'égal de celui de Céphalonie, où les eaux de la mer s'engouffrent dans l'intérieur des terres par plusieurs cavités.

Toutes les roches qui constituent le sol de la Grèce renferment de nombreuses richesses minérales, dont l'exploitation développera un jour une grande activité dans le pays.

Les roches schisteuses renferment de nombreux gîtes métalliques, qui se présentent sous la forme de filons et d'amas de contact. On y trouve des minerais de plomb argentifère, et de riches calamines provenant des anciennes mines du Laurium, dont l'exploitation, reprise depuis quelques années, est en pleine activité ; des minerais de cuivre, de fer manganésifère, d'émeri et de marbres saccharoïdes blancs et mouchetés.

Les granits et les trachites sont aussi, en quelque sorte, métallifères, et renferment des minerais de plomb, sous la forme de filons, comme à Anaphi et à Milos.

Les roches serpentineuses contiennent des minerais de fer chromé et du magnésite en abondance.

Les terrains sédimentaires renferment des gîtes de manganèse, des dépôts considérables de lignites, des plâtres, des argiles plastiques et d'excellentes pierres de construction.

Les roches trachésiques et les terrains pléocéniques renferment les riches dépôts de soufre que l'on exploite à Milos, depuis l'antiquité, ainsi que les pierres meulières.

Tout le sel nécessaire à la consommation du pays est extrait des eaux de la mer, dans les salines que le fisc exploite depuis longtemps.

Enfin, les actions volcaniques ont produit, en Grèce, de nombreuses sources minérales remarquables par leurs propriétés. Les malades se rendent en foule, tous les ans, pour trouver la santé dans ces eaux muriatiques, ferrugineuses, sulfureuses, amères et alcanines.

Les excellentes eaux sulfureuses froides de Cyllène et de Céphalonie très efficaces contre les maladies chroniques des voies respiratoires, sont aussi envoyées à domicile et rivalisent avec les eaux des Pyrénées.

Les Thermes sulfureux et muriatiques d'Oedipso, des Thermopyles, d'Hypati et de Kythnos ont une grande réputation à cause de leurs merveilleuses propriétés thérapeutiques, très efficaces contre les exanthèmes de la peau, les gouttes rhumatismales, etc.

CLIMAT

Le climat de la Grèce, et à cause de sa latitude géographique et à cause du voisinage de la mer, est en général tempéré, mais fort disparate par suite de la configuration accidentée de son territoire coupé dans tous les sens par des chaînes de montagnes plus ou moins hautes.

Nous n'avons pas d'autres observations exactes et suivies pendant une longue suite d'années que celles qui ont été faites par l'Observatoire d'Athènes. D'après ces observations, la chaleur moyenne à Athènes et de 18°,2 c., le minimum de chaleur observé en 1850 a été de 10°, et le maximum observé en 1858, de 44°,6. Le mois le plus froid est le mois de Janvier présentant une chaleur moyenne de 8°, et le plus chaud, le mois d'Août donnant une chaleur moyenne de 28°,2.

La chaleur moyenne des six mois de Mai, à Novembre est de 24°,5, et pendant trois mois seulement, Décembre, Janvier, et Février, la chaleur moyenne est au-dessous de 10° (9°, 1).

La différence entre le maximum et le minimum de chaleur est en moyenne de 40°, 2. Les variations diurnes de la chaleur sont très régulières.

La moyenne de la saturation de l'atmosphère est de 64 p. °/₀, le maximnm de 95 p. °/₀, et le manimun de 12 à 15. Une pareille sécheresse n'est observée que dans le désert du Sahara et dans l'intérieur du désert de Gobi.

La rosée ne tombe que 5 à 7 fois l'hiver.

Le brouillard atmosphérique est excessivement rare ; celui du sirocco est plus fréquent.

Le brouillard s'élève très rarement de la mer pendant les mois de Mai et de Décembre.

Il tombe annuellement une fort petite quantité de pluie, en moyenne 397 millimètres ; le maximum, d'après le relevé de dix-sept années d'observations, est de 718 millimètres. Très-rarement la pluie tombée dans l'espace de 24 heures atteint le chiffre de 45 millimètres. Et jamais jusqu'à ce jour on n'a observé une pluie qui ait duré 24 heures de suite.

Les pluies les plus fréquentes ont lieu pendant le mois de Novembre, et les plus rares pendant les mois de Juillet et d'Août ; et pendant le mois de Septembre il ne pleut pas du tout. Il est à remarquer aussi qu'il pleut très-rarement dans le mois d'Avril.

La neige est très rare à Athènes, et il y a des hivers où il ne neige pas du tout. Cependant il y a eu des hivers exceptionnels où la neige a tombé en abondance.

Ajoutons ici quelques observations sur l'état du ciel d'Athènes, observations très caractéristiques pour le climat d'Athènes et de plusieurs parties de la Grèce.

Il ressort d'observations faites pendant une longue suite d'années, que nous avons annuellement en moyenne 203 jours clairs, 134 jours demi-clairs et 24 jours couverts ; et parmi ces derniers il y en a eu 5 seulement pendant lesquels le soleil ne s'est point montré. Le plus grand nombre de jours clairs a lieu pendant de mois de Juillet et d'Août, environ 26 à 27 jours, et les autres jours pendant ces deux mois sont demi-clairs. Le nombre des jours accompagnées d'orage est de 20 en moyenne par année.

Entre autres phénomènes météorologiques on remarque, comme dans les zônes boréales, un halo ou cercle solaire et un cercle lunaire ; mais les aurores boréales se produisent très-rarement.

De ce qui précède il résulte que le climat d'Athènes et de presque toute la Grèce est très doux, que l'hiver, n'étant ni trop humide ni trop sec, a une chaleur moyenne de 10° environ qui n'est que très rarement altérée par un froid rigoureux. L'été est très chaud et très sec; il commence à proprement parler au mois de Mai et dure jusqu'en Octobre; on peut considérer comme mois d'automne les mois d'Octobre et de Novembre, et comme mois de printemps les mois de Mars et d'Avril.

Mais ce qui caractérise surtout le climat d'Athènes et de la plus grande partie de la Grèce, c'est que la clarté du ciel y est continue et permanente même en plein hiver, et qu'il se passe bien rarement un jour sans que le soleil y brille au moins quelques instants.

DÉMOGRAPHIE

I

POPULATION

La population de la Grèce, d'après le recensement de 1870 est de 1,457,894 habitants, dont 1,225,673 habitent les anciennes provinces du royaume, et 232,221 les nouvelles (Iles Ioniennes).

En 1861 la population des anciennes provinces s'élevait à 1,096,810, et celle des îles Ioniennes à 228,669. Donc, pendant cette période décennale, la population des premières s'est accrue de 1,17 p. °/₀ seulement.

Depuis 1838, époque où s'est opéré le premier recensement des habitants du royaume hellénique, sa population s'est accrue, sans compter les Iles Ioniennes, de 473,596 habitants, soit dans la proportion d'environ 63 p. °/₀ ou de 1,97 p. °/₀ par an.

Ce mouvement porte par analogie la période du doublement de la population à 45 ans : période qui montre que la Grèce peut être rangée parmi les Etats où se rencontre le plus actif accroissement de population. N'est-ce pas une preuve suffisante du developpement progressif des éléments vitaux de notre société, sous l'influence de laquelle la population hellénique a pris son essor naturel et normal, essor tel que des événements extraordinairement favorables et des avantages naturels exceptionnels auraient pu seuls en produire un plus grand ?

Par divisions territoriales la population de la Grèce se répartit comme il suit :

Péloponnèse		611,681
Grèce continentale	orientale	235,172
	occidentale	121,693
Sept-Iles		229,516
Cyclades		123,299
Eubée		71,135
Les autres îles		44,350
		1,437,026*

Dans cette dernière catégorie il faut classer les îles d'Egine, de Salamine, d'Anghistri, de Spetzia, d'Hydra, de Poros, de Scopélos, de Scyros, de Sciathos et d'Alonèse.

Parmi les 13 départements, 9 sont habités par plus de cent mille habitants ; la population des 4 autres est inférieure à ce chiffre ; le département le plus populeux est celui d'Achaïe et Elide, qui est habité par 149,561 individus ; le moins populeux est celui de Zante, qui ne compte que 44,557 habitants.

Les 59 provinces sont classées comme suit par rapport au chiffre de leur population :

1	comptant	plus de	70,000	habitants
1	»	jusqu'à	60,000	»
7	»	»	50,000	»
5	»	»	40,000	»
20	»	»	30,000	»
20	»	»	20,000	»
5	»	»	10,000	»

* Dans ce chiffre ne sont pas compris :

l'effectif des armée	12,420
l'effectif de l'armée de mer	1,345
les marins naviguant à l'étranger	7,133

La province la plus populeuse est l'Attique, qui compte 76,919 habitants ; la moins populeuse est celle de Paxi, qui n'en compte que 3,582.

Les 351 communes sont classées comme il suit par rapport au chiffre de leur population :

1	compte plus de	....	40,000	habitsnts
4	» »	....	20,000	»
7	» »	....	10,000	»
76	» »	....	5,000	»
208	» »	....	2,000	»
52	» »	....	1,000	»
12	» »	....	300	»
351				

D'après la classification adoptée par la loi sur l'organisation des communes, eu égard au chiffre de leur population :

64	Communes comptent	jusqu'à......	2,000	habitants
275	» »	plus de......	2,000	»
12	» »	»	10,000	»

Le chiffre moyen de la population de nos communes était, lors du recensement de 1870, de 4,094 habitants. Lors du recensement de 1861 cette moyenne était, pour les anciennes provinces, de 3,917, tandis qu'elle est en 1870 d'environ 4,052, c'est-à-dire supérieure à celle de 1861, bien que depuis lors on ait créé 18 nouvelles communes. Lors de la première formation des communes en 1836, leur nombre s'élevait à 457. La moyenne de la population des communes dans les îles Ioniennes est de 4,330 habitants environ. Les villes les plus populeuses du royaume sont :

Athènes	44,510	hab.
Syra	20,996	»
Patras	19,641	»
Zante	17,516	»
Corfou	15,452	»

Les habitants de chaque commune se répartissent comme il suit, d'après leur état civil :

4,337,002	individus recensés dans leurs communes respectives
73,441	individus recensée dans d'autres communes que leurs.
19,958	étrangers de différentes nationalités
6,625	citoyens dont on n'a pu savoir au juste à quelles communes ils appartiennent.

Le plus grand nombre de gens appartenant à d'autres communes ont été recensés dans les communes ci-après, savoir :

dans celle d'Athènes	14,700
» » d'Hermopolis	6,856
» » du Pirée	5,558
» » de Patras	3,579

les autres se trouvent répartis le plus souvent entre les chefs-lieux de province.

Parmi les petites communes, celle du Laurium compte un nombre assez considérable (1,005) d'habitants appartenant à d'autres communes.

Parmi les citoyens dont on ne sait pas avec certitude de quelle commune ils sont membres, la plupart (2,433) ont été trouvés et recensés à Hermopolis (Syra).

La majeure partie des étrangers ont été recensés dans les communes des provinces de l'Attique (5,683) et de la Phthiotide (4,170); Il y a aussi à Syra 2,160 étrangers, et à Corfou, 1793. Les étrangers trouvés et recensés dans le royaume en 1870 se répartissent comme suit, d'après leur nationalité:

Anglais	2,000
Américains	24
Allemands (en général)	525
Français	415
Italiens	1,539
Ottomans	15,051
Russes	141
D'autres nationalités	169
	19,958

Ces étrangers sont, dans la population, de 1,37 sur 100 habitants.

La superficie totale de la Grèce est évaluée à 50,211 kilomètres carrés, dont 47,516 sont occupés par les anciennes provinces, et 2,695 par les îles ioniennes.

La Grèce compte 28,62 habitants par kilomètre carré: les anciennes provinces, comprenant une étendue de 47,516 kilomètres carrés, comptent 25,41 habitants par kilomètre, et les îles ioniennes, dont la superficie est de 2,695 kilomètres carrés, comptent 85,13 habitants par kilomètre.

Cette proportion n'est certes pas, à tout prendre, trop faible. Mais, si l'on considère le peu d'étendue de notre territoire, le climat et la position géographique du pays, la rareté de notre population devient digne de remarque. Le rapport entre la population et l'étendue territoriale, pour chacun des anciens départements, ainsi que pour chaque île de la ci-devant république ionienne, est marqué dans le tableau suivant:

Départements		Population 1870	Kilomètres carrés	habitants par kilomètre carré
Département	d'Attique et Béotie	136,804	6,426	21,29
»	de l'Eubée	82,541	4,076	20,25
»	de Phthiotide et Phocide	108,421	5,316	20,39
»	d'Étolie et Acarnanie	121,693	7,822	15,53
»	d'Achaïe et Elide	149,561	5,253	28,47
»	de l'Arcadie	131,740	4,345	30,31
»	de la Laconie	105,851	3,749	28,23
»	de la Messénie	130,417	3,176	41,06
»	d'Argolide et Corinthe	117,183	4,042	23,71
»	des Cyclades	123,29	2,3990	51,39
		1,207,510	47,516	25,41
Ile	de Corfou	72,466	588	123,26
»	de Céphalonie	67,508	805	83,81
»	de Zante	44,557	417	106,86
»	de Sainte-Maure	20,892	404	51,17
»	de Cérigo	10,637	114	93,34
»	d'Ithaque	9,873	300	32,86
»	de Paxi	3,582	67	58,10
		229,516	2,695	86,13
Pour tout le Royaume		1,437,026	50,211	28,62

Ainsi les départements qui ont le territoire le plus étendu sont ceux d'Etolie et Acarnanie et d'Attique et Béotie, les départements dont le territoire est le moins vaste sont ceux des Cyclades et de la Messénie, tandisque, par contre, c'est dans ces deux derniers départements que la population est la plus dense. Dans les départements d'Etolie et Acarnanie et de l'Eubée la population est plus clairsemée que dans tous les autres.

Parmi les Sept-Iles, Céphalonie a le plus d'étendue, c'est-à-dire qu'elle occupe 331 milles carrés ou 805,457 kilomètres carrés; Paxi est la plus petite, occupant 26 milles carrés ou 67,337 kilomètres carrés; la population est la plus dense à Zante; la plus clairsemée à Ithaque.

Le royaume de Grèce est celui qui, après la Russie, la Norwège, la Suède et la Turquie, présente la population la moins compacte de tous les autres Etats. Cette grande rareté de la population du royaume hellénique entrave sous beaucoup des rapports tout progrès et tout développement des éléments vitaux et productifs du pays.

Mais cette rareté de notre population est-elle un trait caractéristique d'un état cachectique ayant sa source dans quelque maladie sociale, ou bien un résultat des mœurs et de l'éducation des habitants, de la législation et du gouvernement du pays, ou encore un phénomène dont on doive chercher la raison autre part ?

Selon nous, cette rareté de la population de la Grèce ne peut point être attribuée à des causes sociales ayant entravé ou entravant son accroissement, d'autant plus que si la population du royaume hellénique se trouvait soumise à de pareilles influences, les résultats des recensements qui ont eu lieu jusqu'à présent et les conséquences déduites de son mouvement annuel seraient complètement différents de ceux que ces mêmes recensements nous présentent. Par conséquent, c'est ailleurs qu'il faut rechercher la raison de la rareté de notre population. Peut-être pourrions-nous la retrouver parmi les protocoles qui ont modelé le royaume hellénique. Si ce qui a été dit et redit tant de fois est vrai, à savoir que l'existence des nations ressemble à celle des individus, et que comme ceux-ci ne peuvent remplir leur mission dans le monde si leur conformation physique n'est pas complète et en harmonie avec leurs forces intellectuelles et morales, de même les nations ne peuvent avoir une existence complète et une vie de progrès national, si leur corps n'est pas en harmonie avec leur esprit et leur destination. Les circonférences locales dans lesquelles la vie nationale se développe et la progrès national se cultive, sont pour les nations ce que le corps est pour les individus.

Il est également incontestable que le royaume hellénique ayant été resserré entre des bornes étroites dans lesquelles il lui était impossible de développer son activité nationale, n'offre aucune espérance, aucun attrait réel, et ne renferme pas les éléments nécessaires qui créent les intérêts et qui attirent l'affluence des hommes.

Le tableau suivant indique le nombre d'individus dont les familles se composent en moyenne dans chaque département.

Départements	individus par famille
Attique et Béotie	3,92
Eubée	4,23
Phthiotide	4,52
Acarnanie	4,76
Achaïe et Elide	4,60
Arcadie	4,58
Laconie	4,51
Messénie	4,60
Argolide et Corinthe	4,20
Cyclades	3,70
Corfou	4,48
Céphalonie	4,64
Zante	5,15
	4,38

Le recensement de 1870 a constaté l'existence de 312,519 maisons habitées et de 10,607 autres constructions. Des premières, il y en a 257,341 dans les anciennes provinces et 55,226 dans les Sept-Iles ; à chaque kilomètre correspondent 5,42 maisons dans les anciennes provinces, 20,48 dans les Sept-Iles, 6,23 dans toute la Grèce. En 1861 il n'y a avait dans les anciennes provinces que 225,716 constructions, ce qui dénote qu'il y a eu un accroissement de constructions représenté par le chiffre de 14 sur chaque centaine d'édifices, dans l'espace de dix ans, ou par celui de 1,40 tous les ans, sur le même nombre d'édifices.

Cet accroissement, plus rapide que celui de la population, dénote une prospérité matérielle croissante et l'extension du bien-être à un plus grand nombre d'individus ; cela est attesté non seulement par le nombre toujours croissant des édifices, mais aussi par les progrès que l'on remarque chez nous dans l'art de construire, sous le rapport de l'élégance des maisons qui s'élèvent et de leur distribution intérieure, ainsi que sous celui de la solidité et du luxe qui président à la construction de magnifiques édifices dans nos villes principales.

Où il y a le plus de maisons par kilomètre, c'est dans le département des Cyclades; où il y en a le moins, c'est dans le département d'Etolie et Acarnanie. Parmi les Sept-Iles, c'est à Corfou qu'il y a le plus de maisons, et à Ithaque le moins.

Le tableau ci-après indique le rapport existant entre le nombre des constructions et l'étendue de la superficie dans chacun des anciens départements, ainsi que dans chacune des îles ioniennes.

DÉPARTEMENTS ET ILES		Nombre d'édifices	Nombre d'édifices par kilom. carré
Département	d'Attique et Béotie	23,566	3,67
»	de l'Eubée	18,768	4,60
»	de Phthiotide et Phocide	20,460	3,85
»	d'Etolie et Acarnanie	20,735	2,65
»	d'Achaïe et Elide	33,367	6,34
»	de l'Arcadie	28,043	6,45
»	de la Laconie	32,454	6,26
»	de la Messénie	28,859	9,09
»	d'Argolide et Corinthe	26,125	5,29
»	des Cyclades	33,996	14,17
		257,341	5,45

DÉPARTEMENTS ET ILES	Constructions	Constructions par kilom. carré.
à reporter	257,341	5,45
Ile de Corfou....................	17,419	29,63
» de Céphalonie................	15,976	19,82
» de Zante	10,343	24,80
» de Sainte-Maure..............	4,743	11,74
» de Cérigo	2,904	55,49
» d'Ithaque	2,436	8,11
» de Paxi......................	1,405	20,89
	55,226	20,48
Dans toute la Grèce.....	312,567	6,22

A chaque maison correspondent chez nous 4,50 individus, nombre à peu près égal à celui dont chaque famille se compose en moyenne. La Grèce est donc le pays où il y a le moins d'habitants par maison.

Dans le tableau suivant on voit le rapport qu'il y a entre les familles, les individus et les maisons dans les chefs-lieux de départements,

Villes	familles	individus par famille	Nombre des constructions	individus par construction
Athènes	11,183	4,01	5,437	8,19
Lamia........	1,140	4,27	752	6,48
Missolonghi ...	1,557	3,67	1,201	4,76
Chalcis	1,519	4,24	1,268	5,08
Nauplie.......	902	4,39	528	7,45
Calamata......	1,523	4,13	1,732	4,42
Sparte........	540	5,00	661	4,08
Tripolitza,.....	1,448	4,85	1,448	4,85
Patras	4,447	4,42	3,950	4,97
Hermopolis....	5,211	3,89	5,196	3,90
Corfou	4,574	4,32	1,572	9,83
Argostoli	1,556	5,17	3,380	2,40
Zante	3,576	4,90	3,415	5,13

D'après ce tableau, correspondent à Athènes et à Corfou plus de deux familles par maison.

Sous le rapport du sexe la population se trouve répartie comme il suit :

Sexe masculin * .... 724,176 } 1,457,894
» féminin .... 703,718 }

En sorte que sur chaque 100 habitants il y a 51,53, individus du sexe masculin, et 48,27 du sexe féminin.

Au point de vue de l'état civil, le nombre des habitants du royaume se trouvait en 1870 réparti comme il suit :

	HOMMES		FEMMES		ENSEMBLE	
	total	sur 100	total	sur 100	total	sur 100
Célibataires ..	466,589	63,63	378,058	54,14	844,647	58,84
Mariés	239,895	32,71	244,250	34,05	484,145	33,73
Veufs	25,309	3,45	81,410	11,81	106,719	7,43

De ces chiffres il est aisé de conclure qu'il y a plus de célibataires parmi les hommes que parmi les femmes ; par contre, il y a à peu près trois fois plus de veuves que de veufs.

Parmi nos provinces, c'est celle de Valto qui compte le plus d'hommes nos mariés (69,78 sur 100), et celle de Spetzia, le plus de filles (67,68 sur 100); c'est, par contre, à Ténos qu'il y a le moins d'hommes non mariés (58,14 sur 100), et en Livadie, le moins de femmes (49,07 sur 100).

Parmi les autres provinces, à Oetylon, il y a en proportion le plus d'hommes mariés (37,32 sur 100), et à Zéa, le plus de femmes (39,92 sur 100). C'est dans la province de Valto qu'il y a le moins d'hommes et le moins de femmes mariés (27,57 hommes sur 100 et 30,36 femmes).

Où il y a le plus de veufs, c'est à Cérigo (9,34 sur 100); où il y a le plus de veuves, c'est à Paxi (15,80 sur 100), et où il y le moins de veufs à la fois et de veuves, c'est à Egine (2,43 veufs sur 100 et 7,38 veuves).

Suivant les diverses professions ou conditions, la population se répartit comme il suit :

* Y compris les hommes de l'armée de terre et de mer et les marins employés dans les navires du commerce.

Agriculteurs	218,027
Industriels	48,129
Bergers	44,532
Propriétaires	31,234
Ouvriers	22,665
Ouvrières	5,735
Commerçants	18,952
Marins	25,178
Domestiques	17,482
Servantes	10,808
Voituriers	3,276
Avocats	1,141
Artistes	958
Médecins	797
Pharmaciens	333
Sages femmes	769
Ecclésiastiques	6,649
Fonctionnaires publics	5,343
» municipaux	4,109
Instituteurs	1,613
Iustitutrices	640
Militaires en activité de service	12,420
Hommes de l'armée de mer	1,315
Écoliers	61,885
Écolières	11,695
	556,507

Il ressort de ce tableau que pour 901,387 régnicoles ou pour 61,82 sur 100, on n'a pu savoir au juste quelle profession il exercent. Sur ces 901,387 individus, 227,136 sont du sexe masculin, et 674,251 du sexe féminin. Toutefois, dans cette catégorie de gens sans profession déterminée, on n'a pas classé ceux seulement dont le métier n'a pu être constaté, mais encore toutes les femmes à peu près qui n'exercent pas une des quatre professions ci-dessus désignées et qui ne sont pas non plus des écolières, et, de plus, les enfants à la mamelle et ceux-là même qui, d'un âge plus avancé, ne font pas partie de la classe des écoliers.

D'ailleurs, il faut noter que chez nous la villageoise n'a d'autre profession que d'aider son mari dans la culture des champs et de partager tous ses travaux, et que la citadine, soit chez son père, comme fille, soit chez son mari, comme épouse, ne fait que vaquer, à peu près exclusivement, aux soins du ménage.

D'après notre loi sur les patentes, les professions imposables et désignées nominativement sont au nombre de 169. Ceux qui les exercent ont été rangés en trois classes par rapport à l'acquittement de l'impôt des patentes : 1re classe : ceux qui paient plus ou moins, suivant que la population des villes ou des villages où ils exercent leur métier est plus considérable ou plus faible; 2e classe: ceux dont la contribution est réglée non seulement d'après cette considération, mais encore d'après le montant du loyer qu'ils paient ou pour leur maison ou pour leur boutique; 3e classe: ceux qui sont imposés sans égard soit pour le montant du loyer, soit pour le chiffre de la population. Sont affranchis de l'impôt des patentes : les laboureurs, les pâtres, les fonctionnaires publics ou municipaux, les écrivains, les journalistes, les prêtres, les professeurs et les maîtres dans les lycées et les écoles de l'Etat, les artistes, les porte-faix et gens de peine, les matelots et les patrons de navires ne jaugeant pas plus de dix tonneaux, les ouvriers travaillant à la journée ou au mois dans des fabriques ou dans des maisons de commerce, les apprentis et les enfants des individus qui exercent un des métier rangés dans la 2e ou la 3e catégorie.

La profession dominante en Grèce est celle d'agriculteur, exercée par 39,18 individus sur 100; celle d'industriel vient en seconde ligne. Et si l'on comprend aussi les pâtres sous la dénomination d'agriculteur ou de laboureur, c'est ce métier alors qui est celui de 47,18 individus sur 100, métier qui était, pareillement, le principal à l'époque de la domination musulmane en Grèce, quoique nos infortunés aïeux cultivassent et une terre qui était à leur maître, et non à eux.

Après la classe agricole, celle qui occupe le premier rang est la classe des hommes qui exercent les professions libérales, et dont le nombre est excessif relativement au reste de la population. Ce fait, des hommes sérieux l'ont considéré comme indiquant un certain mépris de la classe dite supérieure et moyenne chez nous pour la profession de l'agriculteur, de l'industriel et du commerçant, et comme donnant peu d'espérances pour le développement à venir et pour le progrès de ces trois branches de la production nationale. Ils l'ont considéré comme le résultat de mauvaises habitudes constitutionnelles, qui ont engendré chez un grand nombre d'individus la passion des professions publiques.

Si ces hommes distingués s'appliquaient à examiner ce phénomène à un point de vue plus large, ils avoueraient, croyons-nous, que, avant tout, la raison du nombre relativement considérable des professions libérales est plutôt politique que sociale. S'ils prenaient en considération que la royaume hellénique supporte les charges de l'instruction, non pas seulement des citoyens authochthones qui vivent dans ses étroites limites, mais encore de tous les nationaux qui vivent sous la suzeraineté ottomane, et qui par la religion et la langue, par les traditions et les espérances sont unis par des liens indissolubles avec les citoyens libres du royaume hellénique, et qui, instruits sous le ciel libre de la patrie politique, se fixent pour la plupart ici pour exercer leur profession libérale, alors, nous le croyons, ils admettraient que la raison du grand nombre des professions libérales indique tout autre chose que le mépris pour ces honorables professions lucratives, dans lesquelles partout et toujours s'est distingué le caractère laborieux et spirituel de la population hellénique.

Le nombre de ceux qui s'occupent d'industrie s'élève à 48,129, soit à 8,65 individus sur 100. Le recensement de 1861 a constaté l'existence, dans nos anciennes provinces, de 32,801 industriels, soit de 8,68 sur 100 individus; dans les mêmes provinces des industriels était en 1870 de 40,395, soit de 11 industriels sur 100 habitants. Mais ces chiffres ne donnent qu'une bien faible idée du développement qu'a pris l'industrie dans nos anciennes provinces pendant la dernière période décennale. Ce qui est le signe caractéristique de ce développement, c'est surtout l'introduction de la vapeur.

Sous le rapport de la religion, la population se répartit comme suit :

Chrétiens du rite orthodoxe	1,441,810
Chrétiens appartenant à d'autres communions....	12,585
Non chrétiens..............................	3,499
Soit 8,63 chrétiens dissidents.......... et 2,48 non chrétiens	sur 100 habitants

La plupart des non chrétiens sont des israélites, ayant presque tous la qualité de citoyens hellènes et domiciliés à Corfou ; ils jouissent de tous les droits civils et politiques que nos lois attribuent aux autres citoyens, auxquels ils sont numériquement dans le rapport de 1 sur 564 habitants.

Parmi les habitants du royaume il y en 67,941 dont la langue naturelle n'est pas le grec ou qui ne le savent même pas du tout ; de ce nombre, les uns (37,598) parlent ordinairement l'Albanais ou ne parlent même que cette langue, 1,217 parlent un certain patois valaque dit *caragouni*, et les autres, différentes langues européennes et surtout l'Italien.

II

MOUVEMENT DE LA POPULATION

Les renseignements relatifs au mouvement de la population de la Grèce d'après les données des dix années de 1864 à 1873, sont relevés synoptiquement dans le tableau suivant :

Années	*Mariages*		*Naissances*		*Décès*		*Excédant de naissances*	
	Nombre total	1 sur habitants	Nombre total	1 sur habitants	Nombre total	1 sur habitants	Nombre total	1 sur habitants
1864	8,380	159	38,538	34,57	27,995	47,60	10,543	126,38
1865	9,224	144	40,452	32,79	29,358	44,65	11,094	120,11
1866	8,558	155	38,682	35,18	27,408	48,47	11,274	118,21
1867	8,553	155	42,370	31,28	28,134	47,11	14,536	93,60
1868	8,654	153	40,875	32,43	32,444	40,85	8,431	158,04
1869	9,488	140	41,542	31,90	32,561	40,70	8,981	148,36
1870	8,987	162	40,932	35,61	31,881	45,72	9,051	161,06
1871	9,475	153	41,887	34,82	29,640	49,18	12,237	111,05
1872	8,924	163	42,997	33,90	31,004	47,02	12,993	121,56
1873	8,985	162	42,189	34,55	36,861	39,52	3,328	273,62
Total	89,229	154	410,444	33,70	307,286	45,08	103,158	143

D'après ce qui ressort de ce tableau, la moyenne chaque année des mariages, des naissances et des décès est de :

Mariages......	8,923	soit 1 sur		154	habitants
Naissânces...	41,044	»	»	33,70	»
Décès.........	30,728	»	»	45,08	»

Et la moyenne de l'excédant annuel des naissances sur les décès est de 10,314, laquelle représente aussi l'accroissement annuel qui s'ajoute à la population de la Grèce par les naissances, déduction faite des décès annuels, et qui pendant les dix années s'élève en tout à 103,158, soit d'un individu sur 143 habitants, moyenne relativement petite comparativement aux données des autres Etats, et qui montre que l'accroissement annuel de la population de la Grèce provenant de l'excédant des naissances est très borné.

MARIAGES

Dans l'espace de ces dix années ont été célébrés 89,229 mariages, soit en moyenne annuellement 8,923, ou un sur 154 habitants, moyenne qui représente le nombre borné des mariages relativement à notre population.

Mariages d'après l'état civil.— La moyenne des mariages constatés annuellement d'après l'état civil des époux est évaluée sur la base des données des dix années comme il suit :

Entre garçons et filles	7,655
veufs et veuves	309
veufs et filles	604
veuves et garçons	355

Mariages d'après l'âge. — Les renseignements sur l'âge des individus qui contractent mariage ne comprennent pas dix années, mais seulement neuf, attendu que ce n'est qu'à partir de l'année 1865 qu'a commencé la constatation de l'âge des époux, et encore cette constatation classée en trois grandes catégories à cause de sa base incertaine, et dont d'ailleurs l'exactitude dépendait entièrement de la déclaration plus ou moins sincère des individus contractant mariage, présente une foule d'incertitudes, surtout à l'égard de la déclaration de l'un des deux sexes.

Sous ces réserves, les données sur l'âge des époux pour la période de neuf années nous fournissent les chiffres suivants comme moyenne des mariages contractés annuellement dans chaque catégorie :

Hommes

Jusqu'à 20 ans..................	588
De 20 ans à 44.................	7,886
De 44 » et au-dessus	580

Femmes

Jusqu'à 16 ans..................	441
De 16 ans à 30.................	7,961
De 30 » et au-dessus	580

Mariages par mois. — La moyenne pour chacun des 12 mois des mariages contractés annuellement est comme il suit:

Janvier	Mariages	1,120
Février	»	906
Mars	»	166
Avril	»	964
Mai	»	747
Juin..................	»	461
Juillet	»	646
Août	»	513
Septembre............	»	635
Octobre	»	1,503
Novembre	»	1,071
Décembre	»	491

Par conséquent d'après ces données les mariages les plus nombreux ont lieu pendant les mois d'Octobre, de Janvier et de Novembre, et les moins nombreux pendant les mois de Mars, de Juin et de Décembre.

NAISSANCES

Le nombre total des naissances pendant ces dix années a été évalué à 410,444, et la moyenne annuelle à 41,044, soit une naissance sur 33,70 °/₀ habitants, moyenne supérieure à celle constatée en France (1 sur 37,54 °/₀), mais inférieure à celle de l'Italie (1 sur 26,17 °/₀).

Cette moyenne par sexe donne pour les garçons annuellement 21,565 naissances, et pour les filles 19,479.

La moyenne annuelle des naissances des enfants naturels est évaluée à 523.

Naissances par mois. — Le moyenne des naissances annuelles par mois est comme il suit :

Janvier	Naissances	4,279
Février	»	3,840
Mars	»	3,458
Avril	»	3,288
Mai	»	3,019
Juin	»	2,807
Juillet	»	3,114
Août	»	3,070
Septembre	»	3,140
Octobre	»	3,768
Novembre	»	3,873
Décembre	»	3,448

D'où il suit que les naissances les plus nombreuses ont lieu pendant les mois de Janvier, de Février et de Novembre, correspondant pour les conceptions aux mois d'Avril, de Mai et de Février, et les naissances les moins nombreuses pendant les mois de Juin, de Mai et d'Août, correspondant pour les conceptions aux mois de Septembre, d'Août et de Novembre.

DÉSÈS

Dans cette période de dix ans sont décédés 307,286 individus, soit en moyenne annuellement 38,728, ce qui donne un décès sur 45,08 °/₀ habitants, moyenne inférieure à la mortalité de la moyenne des habitans en France (1 sur 44), et de celle des habitants en Italie (1 sur 33,37).

La moyenne des décès par sexe est d'un sur 16,216 hommes, et sur 14,514 femmes.

Décès par âge. — La moyenne des décès chaque année par âge nous donne les chiffers suivants pour chaque âge :

Ages	Moyenne pour les dix ans	Ages	Moyenne pour les dix ans
0— 6	2,337	55— 60	1,203
6— 1	3,120	60— 65	1,241
1— 5	5,508	65— 70	1,231

Ages	Moyenne pour les dix ans	Ages	Moyenne pour les dix ans
5—10	2,235	70— 75	1,092
10—15	1,172	75— 80	905
15—20	1,131	80— 85	689
20—25	1,194	85— 90	453
25—30	1,280	90— 95	245
30—35	1,179	75—100	123
35—40	1,134	100—106	47
40—45	1,038	105—110	27
45—50	1,063	110 et au-dessus	14
50—55	1,067		

Décès par mois. — La moyenne des décès annuels est par mois comme il suit :

Mois		
Janvier	Décès	2,738
Février	»	2,401
Mars	»	2,367
Avril	»	2,267
Mai	»	2,213
Juin	»	2,458
Juillet	»	2,822
Août	»	2,737
Septembre	»	2,637
Octobre	»	2,657
Novembre	»	2,669
Décembre	»	2,762

Par conséquent les décès les plus nombreux arrivent pendant les moins de Décembre, de Janvier et d'Août, et les moins nombreux pendant les mois de Mai, de Mars et d'Avril.

Tels sont, fort en abrégé, les résultats déduits de la période décennale. Espérons que les résultats des périodes de dix années qui suivront, basés sur le système de l'état civil fonctionnant sans obstacle, fourniront des renseignements représentant fidèlement des données arithmétiques sur ces trois évènements de la vie humaine, et retraçant plus minutieusement les vicissitudes et les diverses circonstances caractéristiques qui les accompagnent l'un ou l'autre.

CULTURE
INTELLECTUELLE

I

INSTRUCTION

La gloire nationale de la Grèce et sa grandeur en général ont été sauvées et transmises aux générations de la postérité par le génie de ses poètes, de ses prosateurs, de ses savants. Les œuvres de l'esprit et les beaux-arts atteignirent un tel point de perfection en Grèce qu'ils en firent le sanctuaire de la pensée et du cœur; et la civilisation moderne non seulement a été enfantée par ce petit pays, mais encore, comme à une source éternelle, elle puise dans son antique civilisation le beau et le grand.

La petite population de l'ancienne Grèce devint la maîtresse du monde par l'esprit, qui dirigeait sa main et sa lance. Dans toutes les périodes de sa décadence et de sa chûte, l'Hellénisme a été le maître de ses vainqueurs ou de ses tyrans. Son esprit a gravé son empreinte sur l'esprit de la civilisation des générations à venir, qui dans les trésors de l'instruction hellénique trouvent complet et parfait le monde moral et le génie politique.

«Nous-mêmes, a écrit l'illustre Rossi, nous sommes jusqu'à un certain point les enfants de la Grèce. Il y a, sans doute, un fait immense entre nous et le monde ancien, entre notre développement moral et celui des nations de l'antiquité même les plus avancées, il y a le christianisme. Mais qui nous a préparés au christianisme, à l'intelligence de ses doctrines, à l'extension de ses principes? C'est encore la Grèce qui a été l'institutrice de l'intelligence humaine. L'Evangile a apporté la lumière, mais la Grèce avait préparé l'esprit humain à la recevoir; il a proclamé les principes, mais elle avait, en quelque sorte, labouré le sol où ils devaient s'implanter et porter leurs fruits; et, sans s'en douter, elle a travaillé à une œuvre providentielle. Platon et Aristote préparaient les pères de l'Eglise.»

Pendant toute la longue période de l'esclavage, l'hellénisme dispersé n'a pas cessé de sauver sa langue paternelle et sa religion par la culture des lettres, de développer son esprit et de préparer sa régénération nationale.

Telle était la prééminence du développement intellectuel de l'hellénisme pendant le dernier demi-siècle qui a précédé son réveil, tout rempli des idées de la patrie et de la délivrance, qu'il a conduit des savants célèbres, à une époque où l'on regardait comme une chimère la restauration nationale de l'Hellénisme, à prédire bien des années auparavant son réveil. Le savant Thiersch écrivait en l'année 1812: «Quand on réfléchit sur ce que les Grecs opprimés et ignorés ont fait pour rentrer dans la civilisation européenne, on peut prévoir que l'affranchissement de l'esprit sera suivi de près de celui du peuple. La renaissance de la Grèce et sa prochaine apparition sur le théâtre du monde peuvent être prédites sans crainte, de même que quelqu'un à l'aspect d'un beau champ couvert d'épis serrés annoncerait une opulente récolte.»

Ainsi le réveil qui a eu lieu était le fruit des connaissances acquises et de sa civilisation naissante. Mais malheureusement ce fruit a presque ruiné son producteur. Par suite des calamités de la guerre, les écoles ont été brisées et détruites, et les lettres oubliées. Mais à peine la tranquillité a-t-elle été rétablie, la première sollicitude du pays a été l'instruction. Et même avant l'arrivée de Capo-d'Istria fut inaugurée l'ouverture d'écoles primaires mutuelles, et après l'établissement du nouveau gouvernement en 1829 fut installée à Egine une Ecole Centrale contenant 500 élèves, et auprès d'elle un orphelinat où étaient entretenus, nourris et enseignés plus de 100 orphelins de la lutte sacrée. Plus tard furent fondés à Poros un Séminaire, à Nauplie une Ecole Militaire. Ensuite successivement, et jusqu'en 1833, furent établies 71 écoles communales, contenant 6,721 élèves, et 39 Ecoles Helléniques avec 2,528 élèves.

Dès l'arrivée de la première royauté, l'enseignement reçut une impulsion plus régulière et plus systématique. Au mois d'Octobre de l'année 1833 fut publiée la nouvelle organisation de l'orphelinat d'Egine, en novembre fut établi à Nauplie un Gymnase avec une Ecole Hellénique, et l'année suivante fut décrétée la loi sur les écoles publiques, qui aujourd'hui encore constitue une des lois les plus parfaites sur l'instruction primaire. La même année fut installée à Egine une Ecole Militaire. Plus tard, en 1835, un établissement théorique et pratique de chirurgie, de pharmacie et d'accouchement, puis deux Gymnases avec des Ecoles Helléniques, l'un à Athènes et l'autre à Hermopolis, et l'on décréta l'établissement de 19 Ecoles Helléniques, dont les communes prirent spontanément la dépense à leur charge. En l'année 1836 fut fondé l'établissement de la Société Philecpédeftique pour l'instruction des filles. Un peu plus tard fut publié le règlement sur les écoles Helléniques et sur les Gymnases, et enfin en l'année 1837 l'Université Nationale fut ouverte dans un petit logement particulier sous l'Acropole.

On s'est préoccupé aussi dès le principe de l'enseignement spécial, et l'on fonda en 1829 à Tirynthe de l'Argolide une Ecole d'Agriculture qui reçut par une loi en 1846 une nouvelle organisation, et en 1837 à Athènes l'Ecole des Arts, qui en 1863 reçut une nouvelle organisation sur des bases plus larges. En outre, en l'année 1837 fut fondée dans chacune des Ecoles Helléniques de Syra et de Nauplie une chaire de Marine pour l'enseignement théorique et pratique de cette science, et en l'année 1867 furent installées cinq Ecoles Navales, à Hermopolis, à Hydra, à Spetzia, à Galaxidi et à Argostoli. Dans les Gymnases de Syra et de Patras fut introduit dès l'année 1856 l'enseignement du Commerce, et à chacun de ces gymnases fut annexée une Section Commerciale spéciale.

En l'année 1842 fut inauguré sur l'initiative des frères Rhizari d'éternelle mémoire le Séminaire Rhizarion à Athènes, et en 1856 furent fondés trois autres Séminaires, à Chalcis, à Tripoli et à Hermopolis, entretenus par la subvention obligatoire des monastères de l'Etat et par la subvention volontaire du clergé et des autres chrétiens.

Outre ces établissements d'instruction, dûs la plupart à l'initiative du Gouvernement, la sollicitude des particuliers n'est pas restée étrangère à la diffusion de l'enseignement. Dans toutes les classes de la Société, non seulement il s'est fondé à diverses époques de nombreux pensionnats soit particuliers, soit par association, mais encore divers syllogues se sont chargés avec un zèle sans exemple, eux-mêmes, de l'enseignement des lettres et de quelques notions spéciales à des ouvriers et à des enfants pauvres, se montrant ainsi les véritables et sincères bienfaiteurs de la société et de ces jeunes créatures qu'une complète ignorance conduisait dans la chemin du désordre et de la perdition.

INSTRUCTION PRIMAIRE

Notre enseignement primaire ou inférieur est basé sur le principe de l'instruction obligatoire, qui a été édicté par la loi de 1834. Chaque commune est obligée d'entretenir à ses frais au moins une école primaire, que doivent fréquenter tous les enfants de l'âge de 5 à 12 ans, sous peine d'une amende de 10 lepta infligée, pour chaque jour d'absence de l'enfant, aux parents qui n'envoient pas leurs enfants à l'école. Mais ce principe n'a presque jamais été appliqué.

D'après cette loi, dans les écoles primaires est prescrit l'enseignement des leçons suivantes :

Catéchisme, éléments de la langue, lecture, écriture, arithmétique, la connaissance des poids et mesures ayant cours d'après les lois, le dessin linéaire, la musique vocale, et, s'il est possible, les éléments de la géographie, de l'histoire grecque, et les notions les plus indispensables des sciences naturelles. La loi établit en outre que, sous la surveillance du maître, deux fois par semaine ont lieu des exercices corporels, et que l'on enseignera pratiquement l'agronomie, l'horticulture, l'arboriculture, la sériculture et l'apiculture. Mais malheureusement presque jamais ce précieux trésor de connaissances n'a été introduit dans nos pauvres écoles primaires, où tout l'enseignement se borne à la lecture, à l'écriture et à l'arithmétique.

Pour former des maîtres primaires on a ouvert à Athènes en 1834 une école normale, où enseignaient jusqu'en 1863 deux professeurs et six maîtres, et qui coûtait annuellement à l'Etat, pour l'enseignement et pour l'entretien de 30 boursiers, 27,000 drachmes. Mais en 1863 cette école fut dissoute pour être réorganisée sur un nouveau plan, qui ne fut cependant réalisé que vers les commencements de l'année présente par le vote de la loi du 11 janvier 1878.

D'après cette loi l'instruction élémentaire ou primaire consiste dans les connaissances suivantes :

Histoire sainte et catéchisme,
Lecture et écriture de la langue grecque moderne,
Arithmétique et notions nécessaires sur les mesures, poids et monnaies en usage,
Définitions pratiques des figures géométriques,
Géographie élémentaire et plus particulièrement la géographie de la Grèce et des pays Helléniques,
L'histoire élémentaire et spécialement l'histoire de la Grèce,
La géologie élémentaire, la minéralogie et la botanique,
L'Anthropologie,
La physique élémentaire et les instructions pratiques nécessaires d'agriculture et d'horticulture,

Le dessin linéaire,
La musique vocale,
La gymnastique.

L'enseignement dans l'Ecole Normale pour former des maîtres élémentaires ou primaires est de trois années, et il consiste dans l'enseignement proprement dit et dans des exercices pratiques. On doit y enseigner, d'après la nouvelle loi, les matières suivantes :

La religion,
La pédagogie,
Le Grec,
L'histoire,
L'arithmétique et la géométrie,
La physique et la mécanique et l'histoire naturelle,
La chimie,
Connaissances pratiques d'agriculture et d'arboriculture,
Dessin et calligraphie,
Musique vocale et instrumentale,
Hygiène.

D'après les exposés publiés par le Ministère de l'instruction publique, voici quelle était la situation de l'instruction primaire à la fin de l'année :

	GARÇONS			FILLES		
	Ecoles	Maîtres	Elèves	Ecoles	Maîtresses	Elèves
Publiques	939	1041	63,156	138	165	11,045
Particulières	41		3,558	26		1,355

Outre les écoles ci-dessus, il y a dans un grand nombre des villages plusieurs autres petites écoles inférieures.

Pour l'instruction primaire on dépense chaque année 1,612,000 drachmes, dont 190,000 à la charge de l'Etat et 1,422,000 à la charge des communes. Et comme les revenus des communes sont évalués à 9,000,000 drachmes, cette dépense des communes absorbe à peu près le sixième de leurs revenus.

D'après les calculs qui ont été faits, 65 pour % garçons fréquentent les écoles, et sur 747 habitants on compte une école primaire. Plusieurs communes ont plus d'une école, et en moyenne il y a 2,79 °/₀ écoles primaires par commune. L'instruction primaire est évaluée à 86 lepta par habitant, et à 19 drachmes et 56 lepta pour chaque élève.

INSTRUCTION SECONDAIRE

Les *Ecoles Helléniques* et les *Gymnases* constituent chez nous l'instruction secondaire. Les Ecoles Helléniques, composées de trois classes et offrant une instruction plus large aux élèves sortant des écoles primaires, les préparent aussi à l'enseignement des gymnases. Les gymnases, composés de quatre classes, ont pour but de donner aux élèves sortant des Ecoles Helléniques une instruction supérieure pour leur carrière à venir et de préparer convenablement ceux qui se destinent à quelque profession libérale.

Voici quelle était la situation de l'instruction secondaire à la fin de la même année :

Ecoles helléniques.	136.	Maîtres	280.	Elèves	7,646
Gymnases	18.	Professeurs	120.	»	2,460

Dans les Ecoles helléniques sont enseignées les matières suivantes :

La religion, dans les trois classes,
Le grec, » » » »
Le latin, seulement dans la 3me et la plus haute classe, mais il n'est pas obligatoire,
La géographie, dans les trois classes,
L'histoire, » » » »
L'arithmétique et la
Géométrie, dans les trois classes,
Le français, » » » »
La calligraphie. » » » »

Dans les Gymnases sont enseignées les matières suivantes:

La religion, dans les quatre classes,
Le grec, » » » »
Le latin, » » » »

La géographie, dans les quatre classes
L'histoire, » » » »
Les mathématiques, » » » »
La physique et la chimie, dans les quatre classes,
L'étude préparatoire de la philosophie, seulement dans la 3me et dans la 4me classe,
Le français, dans toutes les classes.

Parmi les langues étrangères on enseigne aussi l'Anglais et l'Allemand, mais elles ne sont pas obligatoires.

Pour l'instruction secondaire l'Etat dépense 1,060,000 drachmes environ, dont 587,000 pour les écoles helléniques, et 470,000 pour l'instruction des gymnases.

INSTRUCTION SUPÉRIEURE

L'instruction supérieure est donnée par l'Université d'Athènes, qui représente un des plus magnifiques édifices de la capitale. Les Hellènes riches de tous les points du globe ont apporté leur pierre à l'érection de ce foyer intellectuel de l'Hellénisme. De ce centre rayonne et se disperse la lumière du progrès et de la civilisation non seulement sur ceux qui vivent dans l'intérieur du petit royaume, mais encore sur toute la race hellénique, dont les jeunes membres se rencontrent chaque année sous les voûtes de ce temple des muses et sous le ciel libre de la mère patrie.

L'enseignement donné dans l'Université est réparti en quatre facultés :

Théologie, avec 4 professeurs.
Droit, avec 12 professeurs, et 7 suppléants.
Médecine, avec 21 professeurs, et 7 suppléants.
Philosophie, avec 11 professeurs et 5 suppléants.

A la faculté de philosophie sont attachées pour l'application pratique des théories 3 conférences, celle de la littérature, celle de la chimie et celle de la pharmacie.

En outre, à l'enseignement de l'Université ressortissent encore les établissements suivants :

L'observatoire, fondé en 1840.
Le jardin botanique.
L'hôpital d'accouchements.
L'hôpital civil.
L'hôpital pour les maladies des yeux.
L'hôpital des maladies syphilitiques.

On peut aussi considérer comme annexe de l'Université la Bibliotèque installée dans l'intérieur même du bâtiment, et riche déjà de plus de 120,000 volumes.

Depuis la fondation de l'Université jusqu'à la fin de l'année scolaire 1876-1877, 8,000 étudiants ont suivi le cours de l'Université. Sur ce nombre 5,473 appartiennent à la Grèce libre, et 2,527 à la Grèce asservie. Ils se dénombrent comme il suit :

Du Péloponnèse	2,689
De la Grèce continentale	1,579
Des îles	655
Des Iles Ioniennes	550
De l'Epire	470
De la Thessalie	322
De la Macédoine	320
De Constantinople et de la Thrace	355
De la Crète	232
De Chypre	27
Des îles de l'Asie-Mineure	414
De l'Egypte et de la Syrie	282
De la Dacie	57
De la Russie	11
De l'Autriche et de l'Allemagne	19
De l'Italie, de la France, de l'Angleterre et de l'Amérique	18

Sur ce nombre sont sortis avec leur diplôme académique 2,861 étudiants, savoir :

De la faculté de Théologie	22
» de Droit	1,258
» de Médecine	1,118
» de Philosophie	152
De l'Ecole de Pharmacie	286

Sur ces diplômés 2,327 appartiennent à la Grèce libre, et 594 à la Grèce asservie et à l'extérieur.

L'instruction universitaire est accordée gratuitement par l'Etat, avec le concours de l'Université, dont la fortune monte aujourd'hui à 3,500,000 drachmes, qui donnent un revenu annuel de 290,000 drachmes environ.

La dépense annuelle pour l'enseignement universitaire s'élève à peu près à 530,000 drachmes, dont environ 150 mille sont prises sur la fortune de l'Université.

ENSEIGNEMENT PROFESSIONEL

L'enseignement professionnel ou spécial en Grèce se compose des institutions suivantes :

1) Ecoles Hiératiques (Séminaires).
2) Ecole Polytechnique.
3) Ecole d'Agriculture.
4) Ecoles Navales.
5) Ecole Militaire.

Enseignement religieux.

L'école de Rhizarion, ainsi appelée du nom de son fondateur Rhizari, a été fondée en 1844. L'enseignement y correspond à celui des Gymnases, il se divise en cinq classes, et il est donné par 12 professeurs. Les matières qu'on y enseigne sont les suivantes :

Théologie dogmatique.
Morale chrétienne.
Introduction aux Saintes Ecritures.
Catéchisme.
Histoire ecclésiastique.
Interprétation des Saintes Ecritures.
Déclamation oratoire avec exercices.
Liturgie.
Musique religieuse.
Physique.
Mathématiques.

Histoire et Géographie.
Philosophie préparatoire.
Auteurs Grecs et Latins.
Langue française.
Calligraphie.

Le nombre des élèves enseignés dans cette école, depuis sa fondation jusqu'à la fin de l'année 1877, a atteint le chiffre de 265 internes et de 200 externes environ. Sur les premiers étaient originaires :

De la Grèce libre........................	131
De l'Epire............................	109
Des autres provinces de la Grèce asservie.	25

Le patrimoine de cet établissement, qui par le legs de son fondateur se bornait, à l'origine de son inauguration, à 543, 346 drachmes, s'élève aujourd'hui à 1,513,945 drachmes. La dépense annuelle pour l'entretien et pour l'enseignement est d'environ 70,000 drachmes.

Outre cette école hiératique, on compte encore 3 autres écoles d'un degré inférieur, à Chalcis, à Tripolis et à Syra, frequentées par 70 élèves en tout, qui reçoivent l'enseignement nécessaire pour former les prêtres des villages.

Ecole Polytechnique.

L'école de ce nom siégeant à Athènes a été instituée en 1837 pour former des artisans, pour donner aux industriels une certaine instruction élémentaire et pour enseigner le dessin. Plus tard, en 1843, elle a été divisée en trois sections, savoir : un école des dimanches et des autres jours fériés pour perfectionner ceux qui exercent différents métiers, — une école quotidienne pour l'enseignement des jeunes gens qui se destinent à diverses professions, — et une école supérieure pour l'enseignement quotidien des beaux-arts. Mais cette école s'est écartée peu à peu de sa destination primitive. Autrefois, jusqu'en l'année 1863, l'enseignement s'y bornait uniquement aux beaux-arts ; mais à dater de cette époque elle a été investie d'une mission plus élevée, ayant pour but non plus de former des artisans, des industriels et des artistes; mais des architectes, des géomètres et des mécaniciens, et l'on ajouta à l'école un atelier de forge.

D'après l'organisation aujourd'hui en vigueur, cette école est divisée en deux sections : 1° l'école dite quotidienne, 2° l'école des beaux-arts.

La première comprend *l'architecture, l'arpentage* et la *mécanique*, et l'on y enseigne les matières suivantes : l'Arithmétique, la Géométrie, l'Algèbre, les Lignes courbes, la Mécanique motrice, l'Arpentage, la Mécanique appliquée, la Géométrie descriptive avec applications, la Trigonométrie et l'Analyse, les Ponts et Chaussées, l'Hydraulique et la résistance de la matière, le Nivellement, la Construction, la Physique, la Chimie. — Les élèves architectes sont aussi exercés aux tracés d'architecture, les élèves arpenteurs aux dessins topographiques, et les élèves mécaniciens aux dessins des machines et à des applications pratiques dans l'atelier.

Dans la seconde section sont compris le *Dessin*, la *Plastique*, la *Xylographie* et la *Chalcographie*, la *Sculpture* sur bois et la *Calligraphie*.

Le nombre total des professeurs et des maîtres de l'Ecole s'élève à 23, et celui des élèves enseignés pendant l'année scolaire 1876 — 1877 à 582. Sur ce nombre 214 élèves appartiennent à la première section, et 189 à la seconde.

La dépense annuelle de l'enseignement est évaluée à environ 70,000 drachmes.

Aux élèves qui se sont distingués dans les concours annuels des bourses sont accordées par l'Etat, et les élèves sortants qui se sont distingués dans la concours particuliers institués à cet effet obtiennent des bourses à l'étranger.

Cette Ecole est établie dans un magnifique édifice, construit à l'antique, et ce sont les legs et les libéralités de trois généreux enfants* de la Grèce asservie qui en ont fait les frais.

* Stournari, Tossitza et Averoff.

Ecole d'Agriculture.

Une Ecole spéciale pour la propagation des connaissances pratiques de l'agriculture a été établie, dès l'année 1829, à Tyrinthe dans la province de Nauplie. Cette école comprenant un terrain d'une superficie de 13,000 stremmes environ, dans laquelle jusqu'à l'année 1864 étaient entretenus des boursiers de l'Etat et des communes, a été convertie plus tard en une ferme exclusivement pratique, et en dernier lieu on l'a dissoute pour réorganiser l'enseignement agricole sur des bases plus larges et mieux appropriées aux besoins du pays. C'est ce but que vise le projet de loi suivant lequel est établie dans la banlieue d'Athènes une école d'agriculture théorique et pratique et à Tyrinthe une ferme modèle, et dans la période de cinq ans trois autres fermes modèles dans les provinces les plus agricoles de la Grèce.

Ecoles Navales.

Dans le but d'encourager et d'instruire ceux qui se destinent à la navigation, on a annexé dès l'année 1837, auprès des deux écoles helléniques de Syra et de Nauplie, une chaire d'enseignement théorique de l'art naval pour l'instruction spéciale des navigateurs.—Et depuis l'année 1867 on a ouvert 5 écoles navales, réparties dans chacune des 5 principales villes maritimes, Hermopolis, Hydra, Spezta, Galaxidi et Argostoli. — Chacune de ces écoles comprend deux classes et un maître. Le nombre des élèves enseignés dans ces cinq écoles atteint le chiffre de 90 environ. L'instruction qu'on y donne est achevée au bout de six mois, et les élèves sortants qui ont réussi dans les examens reçoivent un diplôme de capitaine de commerce.

Ecole Militaire.

Cette Ecole, fondée depuis l'année 1828 à Egine, a été spécialement organisée en 1835 et transférée au Pirée. Suivant l'organisation aujourd'hui en vigueur, l'enseignement y est divisé en sept classes, et comprend 16 professeurs et 6 maîtres. Le nombre total des élèves est limité par son organisation à 40. — Les matières qu'on y enseigne sont : La Religion, la Langue grecque, les Mathématiques, la Géométrie descriptive, la Physiqne, l'Oryctologie et la Géologie, la Chimie, la Géométrie descriptive, la Mécanique théorique et l'Agronomie, la Topographie, la Géodésie, les Chaussées, l'Art de la guerre, la Technologie militaire, l'Artillerie, l'Architecture, la Construction, les Ponts, la Mécanique appliquée et le Génie, la Fortification, la Logique, l'Histoire et la Géographie, la Langue française, le Dessin, la Calligraphie, la Musique, l'Escrime, la Gymnastique.

La direction de l'Ecole est confiée à un officier supérieur de l'armée de terre. L'Etat dépense annuellement pour cette Ecole 193,000 drachmes.

Outre l'instruction militaire spéciale de cet établissement, il y a aussi des écoles particulières attachées à des corps militaires, sous le nom d'écoles de l'armée, el pour lesquelles on dépense encore annuellement 10 milles drachmes. On pourvoit aussi à l'entretien de boursiers à l'étranger.

La somme totale des dépenses pour l'enseignement militaire monte à 222,520 drachmes.

INSTRUCTION DES FILLES

Pour l'instruction des filles on a fondé, dès 1836, sous le nom d'*Hétairie Philecpédeftique*, une institution qui, l'année suivante, ouvrit la première école de filles. Cette école, grâce aux donations pécuniaires des Hellénes de la Grèce libre et de la Grèce asservie, est parvenue peu à peu à prendre un développement sérieux et digne d'envie au double point de vue moral et matériel, et à devenir le noyau de la propagation de l'instruction des femmes, non seulement dans le royaume de la Grèce, mais encore dans presque toutes les provinces de la Turquie habitées par les Grecs ; et cet établissement, si pauvre et si modeste à son origine, est aujourd'hui un des plus beaux édifices d'Athènes, distribuant l'instruction complète à la moitié de la race Hellénique depuis la classe la plus pauvre jusqu'à la plus élevée. Chaque année elle livre à la société non seulement un grand nombre de jeunes filles qui ont achevé leur éducation, mais encore un nombre assez considérable de maîtresses diplômées pour les écoles publiques et particulières de la Grèce libre, et pour toutes les communautés ou écoles particulières des provinces Helléniques de la Turquie.

L'*Hétairie Philecpédeftique*, qui possède aujourd'hui plus de 1,500,000 drachmes, entretient les écoles suivantes:

1° L'*Arsakion*, divisé en école primaire et école hellénique des éléves internes complètement à part des externes.

2° L'école hellénique externe, divisée en cinq classes.

3°. L'école primaire externe, où l'on enseigne dans l'école mutuelle et dans l'école élémentaire environ 550 petites filles.

4° Les deux salles d'asyle, l'une payante, d'environ 50 petits enfants, l'autre gratuite d'environ 200 enfants indigents.

5° Les écoles primaires des communes de l'Attique et de l'île d'Andros.

6° Le Parthénagogion de Corfou sur le modèle de celui d'Athènes.

7° Deux écoles de garçons à Chotachova dans la haute Albanie près de Préméti, pays natal d'Arsaki, l'une mutuelle, et l'autre hellénique.

L'enseignement donné dans les écoles d'Athènes est réparti entre 42 professeurs, maîtres et maîtresses, savoir: 4 maîtresses de salles d'asyle, 12 d'écoles primaires, 12 professeurs de grec, d'histoire, de sciences physiques, mathématiques et de géographie, 3 professeurs de leçons religieuses, 5 professeurs de musique instrumentale et vocale, dont une jeune dame et un maître enseignent aussi la gymnastique, un professeur de peinture et de dessin, deux maitresses de couture et de travaux à l'aiguille. Outre la directrice et la sous-directrice, il y a 16 surveillantes ou maîtrésses d'étude, dont cinq Françaises. Pour l'enseignement du français il y a 4 professeurs et 2 maîtresses, dont 2 Français. Il y a encore un prêtre de l'Hétairie qui vient officier dans la chapelle de l'établissement les dimanches et les autres jours fériés indiqués dans le programme.

Le nombre total des élèves qui ont été enseignées pendant le cours de l'année 1877 a atteint le chiffre de 1,428 savoir:

Elèves boursières de l'Hétairie, de l'Etat et des particuliers	229
Elèves externes	925
Elèves de la Salle d'Asyle........................	224

Sur ces éléves, 50 ont reçu l'année 1877 le diplôme de maîtresse.

L'enseignement dans les deux écoles de l'Arsakion, internat et externat, est divisé en cinq classes, dans lesquelles on enseigne les matières suivantes: histoire sainte, explication de l'Evangile, catéchisme, langue grecque, langue française, histoire, géographie politique et mathématique, arithmétique, géométrie, physique, calligraphie, dessin, ouvrages à l'aiguille, musique vocale et instrumentale, gymnastique.

Pendant cette même année 1877 les recettes de l'*Hétairie Philecpédeftique* se sont élevées à 285,000 drachmes, et les dépenses à 266,000.

La dépense à la charge de l'Etat pour l'instruction des filles se borne à 10,000 drachmes.

Pour l'instruction des filles il y a dans diverses communes 179 écoles publiques et particulières d'enseignement inférieur et d'enseignement moyen, savoir:

Publiques 138, avec 165 maîtresses et 11,405 élèves.

Particulières { Inférieures 26, avec 1355 élèves.
Moyennes 15, » 1227 »

SOCIÉTÉS, SYLLOGUES,

ETABLISSEMENTS PHILANTHROPIQUES POUP L'INSTRUCTION

Nous avons en Grèce 22 Syllogues et Sociétés, et 2 Etablissements philanthropiques pour l'instruction, qui ont pour but principal : soit l'éducation, l'instruction et l'enseignement, soit le progrès des sciences et des arts, soit le développement des connaissances de leurs propres membres ou même de la société en général.

SOCIÉTÉS

Hétairie Philecpédeftigue. — Cette association dont il a été question plus haut, a pour but principal et unique l'instruction des filles.

Association des amis du peuple. — Sous ce titre a été fondée à Athènes, en 1866, une société visant à l'éducation des classes ouvrières par des leçons qui ont pour objectif la moralisation et le bien-être matériel du peuple, par l'édition des livres nécessaires à ce but, et par l'établissement de diverses bibliothèques.

Les leçons, données pour la plupart par les sociétaires eux-mêmes, se divisent en générales et en spéciales. Les leçons générales sont : les principes de morale, l'histoire, la géographie, l'économie politique et industrielle, l'hygiène, quelques notions élémentaires de droit, et particulièrement du droit commercial. Les leçons spéciales sont : la géométrie pratique, les éléments de physique, la chimie appliquée aux arts, la mécanique pratique, les principes de la construction et de l'architecture, le dessin linéaire et le dessin d'ornement.

Les cours de cette Association ont lieu le soir, et chaque soir il y a deux cours.

En outre, l'Association a édité jusqu'à présent un livre intitulé «Conseils aux artisans,» elle a institué un concous pour les arts, et elle a établi une petite bibliothèque composée d'environ 600 volumes et un petit laboratoire de chimie.

Toute la fortune de l'Association consiste en 70,000 drachmes environ ; ses recettes annuelles s'élèvent à 5,000 drachmes, et ses dépenses à 3,500.

Le nombre total de ses sociétaires est de 95.

Association philanthropique pour l'établissement d'une école des orphelins et des enfants indigents au Pirée. — Cette Association, inaugurée au Pirée en 1874, a pris à sa charge la fondation de l'établissement dont il s'agit, et qui plus tard s'est appelé Orphelinat d'Hélène Zani, du nom de cette dame qui lui a légué sa fortune montant à 200,000 drachmes.

En faveur de cette fondation l'Etat a concédé gratuitement une terrain pour la construction de l'établissement, et la commune du Pirée dépense annuellement 5,000 drach. D'après son statut organique, le but de cet Orphelinat est depourvoir à l'assistance, à l'éducation et à l'apprentissage de différents métiers, pour les orphelins et les enfants indigents, et d'y recevoir les enfants vagabonds et sans asyle du Pirée.

L'enseignement donné dans l'école de cet établissement comprend la lecture, l'écriture, l'arithmétique, le catéchisme et le dessin, et l'apprentissage du métier de cordonnier et de menuisier.

Association Archéologique. — Cette société, fondée en 1837, a pour but principal, de contribuer à la découverte, au collectionnement, à la restauration et aux fouilles scientifiques des antiquités, et spécialement des antiquités grecques ; elle a encore pour objectif la publication des études archéologiques. Dans la cours de sa longue carrière elle a entrepris de nombreuses fouilles, restauré plusieurs monuments antiques et acheté diverses antiquités. Elle publie aussi périodiquement un journal archéologique. Son patrimoine s'élève à 300,000 drachmes, et elle a institué depuis quelques années une loterie, dont les produits cumulés avec les intérêts de ses capitaux et les recettes des contributions ordinaires et extraordinaires sont dépensés pour ses travaux archéologiques.

L'état vient aussi en aide aux efforts de la Société par une subvention annuelle d'environ 80,000 drachmes, et il entretient au Ministère de l'Instruction publique un bureau spécial, qui est composé d'un inspecteur général, de deux inspecteurs, d'un membre adjoint et d'un conservateur.

Association médicale. — Cette société, fondée en 1835, a pour objectif par les travaux de ses membres la discussion scientifique de toute question qui a rapport à la science médicale, l'étude du climat de la Grèce et de son influence sur le caractère des maladies et sur le mode de leur traitement.

Cette association, qui compte aujourd'hui environ 400 membres, publie mensuellement une revue périodique, et institue tous les deux ans un concours pour lequel elle accorde un prix de deux mille drachmes à l'auteur du meilleur ouvrage. Les ressources de la société consistent dans les cotisations de ses membres et dans quelques autres revenus.

Association des sciences naturelles. — Cette société, fondée en 1836, a pour but l'introduction et la propagation des sciences naturelles, la recherche et le collectionnement des animaux, des plantes et des minéraux de la Grèce, et la formation d'un musée d'histoire naturelle, qui serve aussi à l'enseignement de l'Université. Cette association, quoiqu'elle ait interrompu ses travaux depuis l'année 1858, a pu dans la courte carrière de son activité créer des collections zoologique et minéralogiques d'un grande importance.

Société Philharmonique de Zante.—Le but de cette société, fondée en 1871, est d'encourager le culte de la musique. Elle est entretenue par les subventions de la commune de Zante et des particuliers.

Association Philharmonique de Corfou. — Elle a pour but l'enseignement de la musique, ainsi que la formation et l'exercice de la musique civile.

SYLLOGUES

Syllogue pour la propagation des lettres grecques. — Ce Syllogue, fondé à Athènes en 1869, a pour but principal d'ouvrir des écoles pour les enfants des deux sexes dans l'intérieur de la Grèce libre et dans les communautés grecques en Turquie, de propager par elles l'instruction élémentaire par les meilleures méthodes, de préparer et d'éditer des ouvrages utiles.

Ce Syllogue, qui compte déjà près de 500 sociétaires, a fondé il y a quelques années à Athènes une école primaire modèle, qui, l'année dernière, réunissait 120 élèves de l'âge de 7 à 12 ans. L'enseignement, divisé en 5 classes et réparti entre 10 maîtres, comprend les matières suivants : Connaissance des choses, lecture, écriture, grammaire, langue grecque, histoire sainte, catéchisme, arithmétique, géométrie, mythologie, histoire grecque, histoire romaine, géographie, zoologie, physique, calligraphie, dessin, musique, interprétation de chants, français, gymnastique.

Outre cette école, le Syllogue, depuis sa fondation jusqu'à la fin de l'année 1877, a ouvert dans 16 communes et communautés de la Grèce asservie des écoles de garçons et de filles, il a subventionné 27 écoles des communes de la Grèce et des communautés grecques en Turquie, ainsi que d'autres syllogues poursuivant un but philantropique ou didactique, et il a fondé à Thessalonique une école modèle comprenant 4 classes, 5 maîtres et 118 élèves, et puis encore une école normale pour former des maîtres de l'enseignement primaire.

En outre, se proposant de former un bibliothèque de livres didactiques, il a édité jusqu'à ce jour 26 ouvrages à cet effet, et il a dépensé des sommes assez considérables pour l'achat et la distributions de livres didactiques à des communes de la Grèce et à des communantés helléniques en Turquie. Il a été distribué jusqu'à 7,916 livres de ce genre l'année dernière.

Poursuivant toujours le même but, le syllogue en question a institué, soit à ses propres frais, soit avec les libéralités de généreux enfants de la Grèce, plusieurs concours, savoir :

1° Un sur la langue grecque ;
2° Un sur l'enseignement en Grèce ;
3° Un sur la marine marchande de la Grèce ;
4° Un sur l'affermissement de la sûreté publique ;
5° Un sur le travail ;
6° Un sur l'amélioration et l'encouragement de l'agriculture en Grèce ;
7° Un sur la production de l'industrie artistique ;
8° Un sur le commerce en Grèce et sur les moyens de communication qui s'y rattachent, ainsi que sur les moyens de circulation en général.

Ce syllogue, dirigé par un conseil de neuf membres, possède un patrimoine d'environ 200,000 drachmes, et ses recettes annuelles s'élèvent à près de 150,000 drachm., et ses dépenses à 65,000.—L'Etat prête aussi un concours efficace aux efforts de ce syllogue en lui accordant chaque année une forte subvention pécuniaire.

Syllogue Philologique «Le Parnasse.»—Ce Syllogue, fondé à Athènes en 1866, a pour objectif par la coopération active de tous ses membres le progrès et l'utilité générale. Il poursuit ce noble but par la lecture d'articles et de mémoires, par la formation d'une bibliothèque et d'un cabinet de lecture. Le nombre des membres de ce syllogue s'élève à 300, et ses dépenses annuelles représentent le chiffre de 5,000 drachmes environ contre 7,000 drachmes de recettes.

En dehors des séances régulières de ses membres pour travailler à un des buts que le Syllogue se propose, depuis l'année 1870 il a entrepris sous la direction d'une commission composée de ses membre un recueil de matériaux de linguistique et d'autres productions populaires, ainsi que la publication de ces travaux dans un revue périodique sous le titre de *Νεοελληνικὰ ἀνάλεκτα*. Ce recueil contient des chants populaires, des énigmes, des proverbes, des distiques, des coutumes et usages, des gloses, des contes*.

Au commencement de l'année dernière il a entrepris encore la publication d'une revue périodique intitulée «Le Parnasse,» éditée également par une commission composée de ses membres, et qui dès son apparition a pris rang parmi les publications périodiques les plus importantes de la Grèce.

Dès l'année 1872, le même syllogue, se proposant de venir au secours des enfants pauvres, orphelins, ou sans famille, de la ville d'Athènes, a ouvert une école sous le titre «*Ecole des enfants pauvres.*» Les leçons données dans cette école ont lieu le soir; elles conprennent: la lecture, l'écritnre, l'arithmétique, la grammaire, la géographie physique, l'histoire grecque, et les éléments de la physique et de la chimie. Le nombre des enfants qui viennent assister régulièrement à ces leçons s'élève au chiffre de 300.

Les ressources de cette école sont les souscriptions annuelles versées par le Syllogue, la subvention également annuelle de 5,000 drachmes accordée par l'Etat, et les libéralités en argent ou en nature des citoyens généreux.

Notre société s'est associée avec intérêt au but poursuivi par cette école, et à l'imitation de l'école d'Athènes, sur l'initiative du même Syllogue et avec le concours des communes respectives et de leurs habitants philanthropes, des écoles pareilles ont été fondées à Syra, à Calamata, à Thèbes, à Zante, à Chalcis et à Corfou.

Le nombre des enfants qui fréquentent toutes ces écoles s'est élevé l'année dernière à 800.

Le Syllogue posséde une bibliothèque qui renferme environ 5,000 volumes, et un cabinet de lecture.

Syllogue Philologique «Byron». — Ce Syllogue, constitué à Athènes en 1868, a pour objectif le développement intellectuel et la formation morale de ses membres, dont le nombre s'élève aujourd'hui à 300 environ. Il possède une biblio-

* Les Νεοελληνικὰ ἀνάλεκτα représentent pour la Grèce ce qu'était la revue française *Mélusine*, qui malheureusement a cessé de paraître.

thèque de 5,000 volumes approximativement. Depuis l'année 1872 il publie une remarquable revue mensuelle de travaux philologiques et historiques.

Syllogue Philologique « Régénération Hellénique.» — Ce Syllogue, institué en 1872, a pour but la culture intellectuelle et morale de ses membres. Il compte environ 60 membres, possède une petite bibliothèque et un cabinet de lecture.

Syllogue des Maîtres. — Ce Syllogue, constitué en 1873 à Athènes par les maîtres grecs de tous les points de Grèce, se propose comme but l'amélioration de l'instruction moyenne et élémentaire, et l'assistance de l'administration pour les membres du syllogue mis hors de service et pour leurs familles. Ce Syllogue compte maintenant près de 560 membres. Ses recettes se sont élevées l'année dernière à 2,232 drachmes, et ses dépenses à 1,772.

Syllogue Médical «Asclépiade.» — Ce Syllogue, fondé en 1872 par des étudiants de la faculté de Médecine de l'Université, compte aujourd'hui près de 80 membres, et vise par des lectures et des conférences au développement de ses membres dans la science.

Syllogue des dames pour le développement de l'instruction de femmes. — Ce Syllogue, constitué à Athènes en 1872, poursuit son but en ouvrant des établissement pédagogiques pour les indigents, en dirigeant et surveillant des écoles de filles, en éditant des livres instructifs et qui ont pour objet avant tout le réveil du sentimant religieux, en formant des infirmières et des servantes, en fondant des ouvroirs pour les femmes pauvres et en y installant des maîtresses-ouvrières. Avec ces éléments le syllogue est parvenu à organiser une école de garde-malades et un ouvroir où l'on a établi un atelier de couture, un atelier de tissage, un atelier de broderie et un atelier de dentelles. On y enseigne en outre la lecture, l'écriture, l'arithmétique et la morale chrétienne.

Syllogue musical et dramatique. — Ce Syllogue, fondé en 1871, pour l'enseignement de la musique vocale et instrumentale et de l'art dramatique, et composé de 200 membres environ, a ouvert à Athènes un conservatoire de musique instrumentale et vocale et de déclamation dramatique, dans un local concédé gratuitement par l'Etat. Il est entretnu par les cotisations de ses membres, par des donations et par une subvention annuelle de 5,000 drachmes accordée par l'Etat. L'enseignement donné dans cette école est réparti entre 12 maîtres, dont 11 pour la section musicale, et un pour la section dramatique. — Le nombre des élèves qui suivent les cours est annuellement de 150 (109 garçons et 41 filles) dont 125 (92 garçons et 33 filles) dans la section musicale, et 25 (17 garçons et 8 filles) dans la section dramatique. En outre le syllogue a formé et entretiéne une troupe de musique composte de 50 personnes.

Syllogue musical du Pirée. — Ce Syllogue, sous le titre de « Melpomène, » fondé en 1871, se propose également pour but l'instruction musicale. Il se compose d'environ 100 membres, et se borne pour le moment à l'enseignement de la musique instrumentale, enseignée par deux maîtres.

Syllogue de musique ecclésiastique. — Le Syllogue fondé en 1874, à Athènes, a pour but de faire des recherches relatives à la musique sacrée byzantine, de la cultiver, de la propager et de la développer. A la vérité le but poursuivi est grand et de nature à contribuer efficacement à la pompe de l'Eglise. Il vise aussi a créer une musique profane nationale, à composer une harmonie puisée dans les sons mêmes de la langue, afin de conserver pur de tout alliage le caractère national de la mélodie; enfin à faire des recherches sur l'histoire et la théorie de la musique sacrée depuis les temps les plus anciens jusqu'à nos jours. Cependant, à cause de la difficulté des circonstances, les travaux de ce Syllogue ont été interrompus provisoirement; mais ils seront repris avec plus d'activité dans des temps plus favorables. Cet important Syllogue compte environ 400 membres.

Syllogue « Estia » (Le Foyer). — Le Syllogue désigné sous ce nom a été fondé, au commencement de l'année 1877, par des étudiants appartenant à toutes les facultés de l'Université d'Athènes, et il compte déjà près de 160 membres. — Le but de ce Syllogue, d'après son statut organique, est le développement intellectuel de ses membres.

Syllogue «Capodistria» et Syllogue «Phenix».—Outre ces Associations et ces Syllogues, il y a encore d'autres Syllogues comme le Syllogue de *Capo-d'Istria et le Phenix* à Corfou, pour l'enseignement de l'art dramatique, et l'*Association Philarmonique* pour la propagation de l'art musical et l'entretien de la musique civile.

ETABLISSEMENTS PHILANTHROPIQUES D'INSTRUCTION

La ville d'Athènes compte deux Etablissements Philanthropiques d'Instruction, *L'Orphelinat Hadzi Costa et l'Orphelinat des filles.*

L'Orphelinat Hadzi Costa, fondé en 1856 sur l'initiative du fondateur dont il porte le nom, qui a légué par son testament 175,000 fr. environ «*pour l'installation d'un bon établissement pour l'utilité des pauvres dans le lieu et de la manière que ses exécuteurs jugeraient couvenables ;*» et ces messieurs accomplissant ce vœu philanthropique de leur mandateur, décidèrent la fondation à Athènes d'un orphelinat pour l'assistance et l'entretien des enfants pauvres. Les orphelins admis dans cet établissement y reçoivent une instruction élémentaire, afin de devenir aptes aux métiers les plus appropriées aux besoins de la Grèce.

D'après le statut organique de cet établissement, outre la lecture, l'écriture, l'arithmétique, le catéchisme et le dessin, les jeunes pensionnaires y apprennent les divers métiers manuels qui repondent le mieux à leurs aptitudes, à leurs vocation et à leur établissement à venir, tels que la serrurerie, la menuiserie, l'état de tailleur, de cordonnier, de tisserand. Mais de tous ces métiers les 218 enfants qui sont entrés dans cette maison, depuis sa fondation (20 février 1856) jusqu'à la fin de l'année 1873, n'ont appris que les métiers de tailleur, de cordonnier et de menuisier.

Aujourd'hui dans cet établissement sont entretenus et enseignés 100 enfants orphelins; l'enseignement des métiers et des lettres avec tout le reste du service est confié à 20 personnes, y compris le Directeur et les domestiques.

Le partimoine total de cet établissement est évalué à plus d'un million de drachmes; il consiste en un vaste et magnifique édifice pouvant contenir 300 pensionnaires, et un capital estimé d'après le rapport de ses administrateurs 550 milles drachmes environ. Les recettes annuelles s'élèvent à 82,000 drachmes, et les dépenses à 67,000.

L'Orphelinat des jeunes filles, fondé en 1855, avec les offrandes et donations d'hommes généreux, par l'initiative de la première reine de la Grèce Amélie — dont il a porté le nom, — a pour but de rscueillir, d'élever et d'instruire les orpheilnes pauvres. Il est dirigé par un comité de dames. L'éducation des filles qui y sont élevés se borne à des leçons élémentaires, à l'enseignement et à l'exercice des devoirs chrétiens et de la morale pratique. Le nombre des élèves l'année dernière atteignait le chiffre de 140.

Le patrimoine de cet établissement est évalué aujourd'hui à 1,500,000 drachmes au mininum. Il consiste en actions et obligations publiques; le surplus se compose de la valeur de l'établissement et de tout ses autres biens immeubles. Les recettes annuelles ont été évaluées l'année dernière à 129 milles drachmes et ses dépenses à 74,000 environ. Les recettes de l'établissement proviennent des revenus de ses fonds et des souscriptions de ses membres. L'établissement a une caisse particulière formée par la vente des ouvrages des orphelines, dont le capital monte à environ 40,000 drachmes, et qui sert à distribuer des récompenses pécuniaires aux pensionnaires qui sortent de l'orphelinat après y avoir achevé leur éducation.

BIBLIOTHÈQUES, MUSÉES, COLLECTIONS

Dès le commencement de la première année de la première royauté, on décréta la fondation et l'installation d'une bibliothèque centrale, d'un musée public central des antiquités, d'un musée d'histoire naturelle, d'un laboratoire de chimie.

BIBLIOTHÈQUES

Les bibliothèques qui existent dans la Grèce libre sont les suivantes :

La *Bibliothèque Nationale.* — Cette bibliothèque, réunie administrativement à celle de l'Univerité, a commencé dès les premières années de l'ouverture de l'Université avec le très-modeste noyau de 3,000 volumes environ, donnés par les frères Zossima, et enrichie chaque année par les libéralités, pour la plus grande partie, de généreux citoyens amis des lettres et par des achats, réunit aujourd'hui environ 120,000 volumes, qui constituent approximativement 47,000 ouvrages divisés selon leur matière en 31 sections, et classés comme il suit :

	Ouvrages	tomes
Beaux-arts	732	1,387
Littérature latine	2,989	3,878
Langue latine	305	3,419
Géographie et Voyages	1,847	882
Littérature néohellénique	514	570
Mélanges	248	989
Mathématiques et Astronomie	1,100	1,832
Littérature grecque	5,901	8,234
Langue grecque	735	891
Philologie variée	350	1,036
militaires	537	891
Académiques	147	2,085
Histoire de la littérature	152	693
	15,557	26,787

	15,557	26,787
Bibliographie	215	398
Encyclopédie	130	1,541
Publication périodiques	203	2,577
Journaux	45	419
Philosophie	1,309	2,339
Pédagogie	840	1,497
Archéologie	1,938	2,456
Sciences naturelles	2,903	6,900
Sciences politiques	1,563	3,065
Linquistique	1,126	1,547
Science critique de l'histoire	746	1,335
Médecine	3,499	6,894
Droit	1,817	3,587
Littérature moderne	3,364	8,097
Technologie	1,136	2,221
Théologie	5,347	10,100
Numismatique	475	686
Histoire	3,707	9,769
	45,624	92,215

Cette bibliothèques, administrée par un Inspecteur qui a sous ses ordres deux conservateurs et quatre membre adjoints, ressort à la surveillance supérieure du Ministère de l'Instruction publique.

Pour cette bibliothèque l'Etat dépense annuellement environ 34,000 drachmes.— En vertu des lois et ordonnances qui la concernent, il a été décrété qu'il y sera fait un dépôt de tous les manuscrits précieux et de tous les livres trouvés soit dans les monastères et dans les églises, soit dans d'autres bibliothèques publiques, soit dans tont autre établissement public, et en outre que les éditeurs de livres, d'ouvrages périodiques ou de journaux y enverront un exemplaire de chaque publication.

Bibliothèque de la Chambre

La bibliothèque de la Chambre a été fondée l'année 1846, et elle s'est enrichie de beaucoup d'ouvrages de droit public, d'histoire et de philosophie, les uns achetés par les crédits votés annuellement par la Chambre, les autres offerts par les gouvernements Etrangers, et dont le nombre est évalué à 6,000 volumes. Mais les difficultés politiques qui sont survenues ont entravé le progrès de cet établissement.

Ce n'est que depuis l'année 1875 qu'il a pris un développement sérieux. Ainsi par des achats et des dons il compte aujonrd'hui de 23 à 24 mille ouvrages de sciences politiques, d'histoire, de géographie, de littérature grecque, et en dernier lieu de sciences naturelles; et chaque jour il s'enrichit de nouveaux ouvrages achetés par sa directiou, ou offerts par des Hellènes ou par des étrangers amis des lettres.

Dans la bibliothèque de la Chambre on a établi une section particulière pour tous le journaux et publications périodiques qui ont été édités en Grec soit en Grèce, soit aillaurs, ou qui ont été édités dans toute autre langue en Grèce ou par des Hellènes hors du pays. Déjà on a réuni 400 exemplaires environ de journaux et d'ouvrages périodiques de ce genre. Cette collection, indispensable pour l'étude de l'histoire moderne de la Grèce, est unique dans le royaume.

Dans la bibliothèque de la Chambre sont déposées aussi les archives de la révolution grecque. Il en a été publié quelques-unes en deux volumes en 1857 et en 1859.

En faveur de l'enrichissement de cette bibliothèque on a dépensé dernièrement sur le budget de la Chambre en 1876, 10,000 drachmes, et en 1877, 20,000.

3° *La Bibliothèque de l'Ecole Rhizarion*, qui renferme environ 4,000 volumes pour l'usage particulier de professeurs et des élèves de cette école.

4° *La Bibliothèque de l'Academie à Corfou*, qui renferme 35,000 volumes.

5° *La Bibliothèque d'Andritsène dans la Péloponnèse*, formée par les libéralités d'un de ses nobles enfants, et qui renferme 6,000 volumes.

6° *La Bibliothèque de Dimitsana dans le Péloponnèse*, formée également par les libéralités d'un autre de ses nobles enfants, qui renferme 2,500 volumes, et qui s'enrichit chaque année de la rente du capital legué par le même bienfaiteur.

En outre de ces bibliothèques, il y a des bibliothèques de second ordre dans quelques gymnases et dans quelques écoles du royaume qui ont été installées et achevées en exécution des ordonnances Royales qui ont été décidées dès l'année 1835 d'abord, et décrétées ensuite l'année 1855 et l'année 1869 sur l'établissement d'une bibliothèque dans chaque école et dans chaque gymnase de l'Etat. Parmi ces bibliothèques se distingue surtout celle du gymnase de Syra, qui renferme déjà environ 5,000 volumes. Il y a également plusieurs Sylloges qui possèdent des bibliothèques fort remarquables.

MUSÉES

Les musées existants aujourd'hui sont les suivants :

Musées Archéologiques. — C'est grâce aux nobles libéralités de genéreux citoyens qui ont versé des sommes d'argent considérables, que se sont élevés à Athènes les magnifiques édifices du musée archéologique central. Un autre musée spécial a été établi dans l'intérieur même de l'Acropole, pour y reunir les antiquités qui s'y trouvent. — Outre ces musées, il y a encore dans le Lycée Varvakion celui de l'association Archéologique d'Athènes, et un autre dans un bâtiment particulier de l'école Polytechnique, qui renferme les antiquités précieuses découvertes dernièrement à Mycènes et à Spata. Il existe aussi une assez grande quantité d'antiquités déposées dans le Ministère de l'Instruction publique dans les chambres de l'inspecteur général des antiquités, parmi lesquelles la plus complète copie de marbre qui existe (malheureusement incomplète) de la Minerve en or et ivoire de Phidias, en miniature.

Les antiquités découvertes jusqu'à ce jour et qui se trouvent dans les musées ci-dessus mentionnés, peuvent être classées comme il suit :

1° Antiquités authentiques antérieures à la 80e Olympiade, en petit nombre, mais plus nombreuses que celles qui se trouvent dans les autres musées de l'Europe, à l'exception de celles de Munich. La plus remarquable de ces œuvres est la colonne d'Aristion, représentant un guerrier et gardant encore des traces de couleurs.

2° Celles de l'époque de Phidias, 80ᵉ — 94ᵉ Olympiade; œuvres de sculpture, non comprises celles du Parthénon, sont également en petit nombre, mais les inscriptions, les vases et les médailles sont plus nombreuses.

3° Celles des âges postérieurs jusqu'à l'Olypmiade 94—158, et surtout celles de l'époque Macédonienne, sont en très-grande quantité, et chaque jour voit s'accroître les sculptures et les inscriptions.

4° Celles de l'époque romaine, — ce sont les œuvres les plus nombreuses de toutes.

5° Celles de l'époque Byzantine, œuvres remarquables, mais en très petit nombre ainsi que les œuvres égyptiennes.

Outres les musées ci-dessus, il y a encore les musées suivants :

Celui de Tanagra et celui de Thèbes,
Celui de Pirée, dans le gymnase,
Celui de Myconos refermant les antiquités de Délos,
Celui de Sparte,
Celui d'Olympie.

Musée Numismatique. — Ce musée regardé comme un annexe de la bibliothèque natlonale est dirigé par l'inspecteur même de cette bibliothèque, lequel a sous ses ordres un expert-numismate. Il renferme près de 43,000 monnaies anciennes, en or, en argent, en bronze, et en très petit nombre en fer en terre cuite. — Le premier volume du catalogue de ces monnaies, contenant 1669 médailles a déjà été publié; on publie aussi à présent un tableau synoptique de toute la collection* d'après lequel la partie classée de la collection se composs de 18,872 monnaies, qui sont divisées comme il suit :

* Synopsis numorum veterum qui in Musco numismatico Athenarum publico adservantur. — Disposuit ef edidit A. Postolacca. Athenis.

Monnaies antiques.

Monnaies des peuples, villes et rois, communément appelées «médailles grecques», en or 67, en argent 3,353, en bronze 4,139, en plomb 1,214 et en terre cuite 35..........	En tout:		8,808
Monnaies de la république romaine, en or 1, en argent 381, en bronze 42.......................	»	»	424
Monnaies des empereurs romains et byzantins, en or 160, en argent 797, en bronze 3,436, en plomb 1....................................	»	»	4,394
Monnaies contrefacons modernes, en or 7, en argent 121, en bronze 163, en plomb 19, en terre cuite 1....................................	»	»	311
Bulles byzantines en plomb.........................	»	»	138
Amulettes et tessères en plomb....................	»	»	17
	En tout:		14,092

Monnaies du moyen-âge et des temps modernes.

Les monnaies et médailles de cette série, laquelle n'est pas encore classée, s'élèvent, y compris les doubles, au nombre de................	4,780
	Somme totale: 18,872

Les monnaies des iles Ioniennes forment une collection remarquable, qui a été organisée par notre savant numismate P. Lambros, et qui a été offerte à l'Université par le généreux patriote A. Mourozi. On a publié un catalogue détaillé de cette collection qui renferme 1054 monnaies, catalogue enrichi d'exposés et de tableaux où sont représentées les effigies des monnaies inédites de la collection.

Il existe aussi des collections particulières de monnaies, parmi lesquelles nous citerons ici comme la plus remarquable celle de Mr. P. Lambros composée des monnaies des Francs conquérants de l'Orient, de 1,500 monnaies des Princes d'Antiochie, des Comtes d'Edesse et de Tripolis, des rois de Jérusalem et de Chypre, des Princes de l'Achaïe, des Despotes de Morée et de la Grèce, de Chio, de Mytiline, des Grands

Maîtres de Rhodes. Cette collection, la plus riche de toutes celles qui existent en Europe, figure dans de la section de «l'Exposition historique de l'art ancien.»

Le Musée d'Histoire naturelle, qui est composé de collections de minéralogie, de géologie et de zoologie, que l'Association de l'histoire naturelle d'Athènes, dont nous avons parlé plus haut, a recueillies et offertes à l'Université, — et d'autres pareilles que l'Université acquiert chaque année à ses frais, — est administré par un règlement particulier et surveillé par les professeurs Universitaires de zoologie, d'oryctologie et de géologie : ce sont eux qui, avec un conservateur, en ont la direction. Pour l'entretien et l'enrichissement de ce musée, l'Unversité dépense annuellement sur son patrimoine environ 10,000 drachmes.

Le Musée Botanique, qui comprend, conformément a l'ordonnance Royale qui le concerne, une collection générale d'horticulture, la collection de la flore hellénique, des collections de bois, de troncs, de substances et de tissus végétaux utiles aux sciences, aux arts, au commerce et à l'industrie, et des collections de plantes pétrifiées et fossiles, et spécialement de celles qui se trouvent en Grèce.

Ce Musée, régi par un réglement particulier, est surveillé et dirigé par le professeur de botanique de l'Université, un conservateur et un membre adjoint.

Il renferme aujourd'hui 5,900 cpécimens de la flore hellénique, 450 de la flore de la Macédoine, 104 de la flore de la Crète, 12,600 de la flore du reste de l'Europe, — et de échantillons plus, collectionnés par les soins du professeur de botanique M[r]. Th. Orphanidès et offerts au Musée par la générosité de Mr D. Rodocanaki, 16,236 échantillons. Il faut ajouter encore 120 échantillons des bois de la Grèce, 111 échantillons de champignons artificiels entièrement semblables aux originaux, 68 espèces de semences de céréales cultivées dans le Caucase, et 262 échantillons de fruits. — La valeur totale de ces collections est estimée 40,000 drachmes.

Pour l'enrichissement du Musée Botanique, l'Université dépense annuellement environ 5,000 drachmes.

Il y a aussi comme dépendances de l'Université le *Musée d'Anatomie* et le *Musée de Pathologie*, le *Laboratoire de Chimie*, qui comprend la collection minéralogique composée de 2,000 échantillons, dont 550 minerais de la Grèce, et des collections d'appareils pour le cours de chimie et pour les analyses, et en outre la *collection de Pharmacie*, la *collection des instruments de Chirurgie*, la *collection des instruments de Physique*, le *Laboratoire de Pharmacie* et la *collection des instruments d'Accouchement*.

Il existe aussi d'autres collections plus petites d'instruments de Physique et de Chirurgie dans les gymnases d'Athènes et du Pirée, et dans quelques autres gymnases des autres villes de la Grèce.

CONCOURS

Depuis environ vingt-sept ans, des concours de diverses natures ont été institués en Grèce par des hommes amis des lettres pour encourager le développement intellectuel du pays. Parmi ces concours les plus importants sont :

1° Le concours de *Poésie*, depuis l'année 1850, qui a lieu chaque année.

2° Le concours *Philologique*, depuis l'année 1860, qui a lieu tous les deux ans.

3° Le concours de *Traduction*, depuis l'année 1872, de poèmes remarquables de l'antiquité classique et des nations Européennes modernes.

4° Le concours ayant pour but le développement moral et chrétien du peuple, depuis l'année 1859.

5° Le concours annuel ayant pour but d'exercer les jeunes

poètes à la poésie dramatique, et de former des comédiens et des comédiennes habiles.

6° Divers autres concours qui ont eu lieu une seule fois, comme par exemple sur l'histoire de la langue Grecque, sur la morale chrétienne, pour le prix à décerner à l'auteur qui aura écrit ou traduit l'ouvrage de médecine le plus remarquable, et d'autres concours.

THEATRE

Le théâtre grec est revenu à la lumière bien longtemps avant notre renaissance nationale, dans les Iles Ioniennes soumises au protectorat anglais, et dans la Dacie sous ses princes grecs.

A peine la petite Grèce eut brisé le joug Ottoman, la scène hellénique renaquit de ses cendres à Syra, à Athènes, — preuve irrécusable que cet art est un fruit naturel du terroir dans ce pays aimé du soleil.

Depuis ce moment jusqu'à nos jours l'art dramatique a été cultivé avec ferveur par de simples particuliers, et des compagnies improvisées, et pour ainsi dire sans autre mandat que leur zèle, ont pu jouer avec succès et à maintes reprises dans la Grèce libre, dans la Grèce asservie, dans les autres contrées de l'extérieur, et jusque dans les villes du fond de l'Asie où il existe un élément de colonie grecque.

C'est ainsi que parfois nous voyons jusqu'à neuf compagnies à la fois chausser le brodequin de Thalie et le cothurne de Melpomène. Deux d'entre elles plus complètes et mieux composées que les autres donnent des représentations suivies, à Athènes et à Constantinople, dans les meilleurs théâtres. Nos poètes dramatiques modernes se sont souvent inspirés à leurs représentations et leur doivent leur plus beaux succès. Une foule de pièces ont été écrites à l'intention de ces compagnies. Plus de 150 pièces jusqu'à ce jour ont vu le feu de la rampe, parmi lesquelles 100 originales ; le reste se compose de pièces traduites des meilleurs poètes dramatiques de l'Occident.

IMPRIMERIES, LIBRAIRIES,

JOURNAUX, REVUES PÉRIODIQUES.

Imprimeries et Librairies.

Dans le royaume Hellénique actuel, avant la lutte de l'Indépendance, il n'y avait que deux imprimeries, une à Corfou, l'autre à Zante ; les provinces soumises au joug Turc n'en possédaient pas une seule. Mais après le réveil de la race Hellénique, une presse fut établie à Hydra en 1822, et une autre à Athènes en 1823, puis une troisième à Missolonghi et une quatrième à Nauplie en 1824. — Plus tard, à partir de l'établissement de la royauté, furent créées, successivement, une foule d'autres imprimeries dont le nombre aujourd'hui s'élève à 104, dont 44 à Athènes.

Il en est de même pour les Librairies ; à l'exception de celles de Corfou et de Zante, il n'y avait pas une seule librairie dans toutes les autres provinces de la Grèce. Le nombre des librairies qui existent actuellement dans le royaume s'élève au chiffre de 50, dont 16 à Athènes.

Journaux, Revues périodiques, Livres.

La publication de journaux et d'ouvrages périodiques a commencé en Grèce dès l'année 1821. Et à dater de cette année une multitude de journaux et d'ouvrages périodiques n'ont cessé de paraître régulièrement et de s'accroître.

Dans le cours de l'année 1877, il s'est publié 57 journaux et 15 revues périodiques. Sur ces diverses publications, 34 journaux et 13 revues périodiques sont éditées à Athènes, et 22 journaux et 2 revues périodiques dans les provinces.

Parmi les journaux, 7 paraissent chaque jour, d'autres cinq fois par semaine, quelques-uns trois fois et deux fois, et d'autres enfin une fois par semaine. Sur ces journaux, deux se publient en français, et un autre en italien.

Parmi les revues périodiques, 2 paraissent une fois par semaine, 1 deux fois par mois, 1 tous les deux mois, et toutes les autres une fois par mois. — Sur ces revues, deux sont publiées en français et une en allemand.

D'après le Catalogue raisonné des livres publiés en Grèce pendant la période des dix dernières années, 1867—1877, ont été publiés 1479 livres, qui se classent comme il suit selon leur matière :

	1868—1872	1873—1877
Ouvrages Périodiques..	73	72
Bibliographie.........	4	9
Linguistique	23	34
Littérature	194	214
Philosophie	4	11
Education	64	91
Théologie	33	44
Histoire de l'Eglise....	10	—
Droit. Economie Politiq.	49	67
Sciences Médicales....	22	34
Sciences Naturelles....	18	9
Sciences Mathématiques	23	15
Histoire et Sciences accessoires...........	79	79
Sciences Militaires.....	—	15
Géographie...........	8	10
Archéologie	9	12
Beaux-Arts..........	7	11
Technologie..........	34	47
Marine	5	1
Divers	16	29
	675	804

LEGS. BOURSES.

Quand le pays fut entré dans sa voie régulière, des hommes généreux, patriotes et amis des lettres, se dévouant à la tâche de concourir au progrès de la Grèce et au développement de l'instruction, ont laissé à différentes époques et laissent encore la totalité ou une grande partie de leur fortune pour ce noble but ; et il ne se passe point une seule année sans que les noms de pareils bienfaiteurs soient inscrits dans la reconnaissance de la patrie.

La somme de ces legs, soit en argent, soit en obligations publiques et en actions, est évaluée à plus de 5,000,000 de drachmes, et les revenus annuels de ces fonds s'élèvent à 330,000 drachmes, dont 158,000 sont dépensées en faveur des buts désignés par les testateurs, et le surplus est consacré aux écoles en général et à l'entretien des boursiers. Aujourd'hui on entretient avec ce revenu 163 boursiers, dont 40 dans les écoles et les gymnases, 10 dans d'école Rhizarion, 16 dans l'école Polytechnique, 30 à l'Université, 22 à l'étranger et 45 dans l'Arsakion et dans d'autres écoles.

Le principe de l'envoi de boursiers à l'étranger a été inauguré par le premier roi de la Grèce d'éternelle mémoire, qui constitua en 1833 vingt-quatre places de boursiers dans l'institut hellénique de Munich, pour des enfants dont les pères ou étaient morts dans la lutte de l'indépendance, ou avaient rendu d'autres services a la patrie.

II

INSTRUCTION HORS DE LA GRÈCE.

Ce que nous avons exposé plus haut sur le développement intellectuel de la Grèce ne donnerait qu'une idée fort incomplète du progrès de la race hellénique dans le domaine de l'intelligence, si nous omettions le tableau des progrès accomplis dans ce domaine par les Grecs qui, vivant sous la suzeraineté étrangère, parlent la même langue que les habitants de la Grèce libre, ont le même passé, et sont élevés dans les mêmes aspirations et dans les mêmes espérances, parcequ'ils ont la même origine, la même histoire, et qu'ils ont foi au même avenir.

« La nouvelle impulsion spirituelle que la liberté à produite dans le royaume hellénique, écrit le docte et illustre professeur de l'Université d'Athènes Philippe Ioannou, ne s'est par bornée, et elle ne pouvait pas se borner dans ses étroites limites ; mais, par une certaine loi naturelle, elle s'est répandue peu à peu, au-delà des frontières, dans celles des provinces de l'empire Ottoman voisin qui sont habitées par des coréligionnaires. La race oppressive dans ces provinces a appris dans la lutte hellénique à estimer davantage la race hellénique, d'abord méprisée et outragée grossièrement, dont elle a dû reconnaître la bravoure, la persévérance et la supériorité intellectuelle, pendant cette longue lutte. C'est pourquoi elle a commencé à se montrer un peu plus tolérante et moins farouche. Et bien que l'oppression du peuple par les impôts n'ait diminué nulle part et de nulle façon, mais qu'elle ait même augmenté considérablement, cependant l'âpreté au travail et l'intelligence des chrétiens suffisent comme par miracle et aux lourdes impositions et aux ressources nécessaires pour répandre l'instruction, dont le Grec a soif partout, comme le moissonneur a soif de l'eau dans la canicule. C'est pourquoi depuis quarante ans ont commencé à se multiplier de toutes parts, dans les dites provinces, les écoles primaires et les écoles supérieures, et à s'ouvrir même des écoles normales de filles, complètement inconnues auparavant. De jeunes maîtres, formés la plupart dans les gymnases et dans l'Université de la Grèce, y repandent les connaissences qu'ils ont acquises dans la mère-patrie. Dans le Thessalie et dans l'Epire on a fondé libéralement et l'on entretient avec une noble émulation une foule d'écoles publiques, les unes dirigées d'après la méthode de l'enseignement mutuel, la plupart des autres d'après des méthodes particulières, plusieurs d'une degré supérieur, c'est-à-dire Helléniques, et dans quelques endroits des écoles normales et des pensionnats de jeunes filles.

«Les mêmes phénomènes pleins de promesses et d'encouragement se reproduisent sous l'impulsion intellectuelle de la Grèce et rayonnent peu à peu dans les contrées les plus lointaines de l'empire Ottoman, où s'étend l'Hellénisme, par exemple dans la Macédoine, dans la Thrace et surtout à Constantinople et dans ses alentours, sur les rivages de l'Asie-Mineure et dans les îles des environs, et plus loin même encore dans la Crète, dans cette île martyr et qui a arrosé tant de fois ses chaînes de ses larmes. Partout où s'entend une voix hellénique, ou partout où le sentiment des habitants est à l'unisson de l'Hellénisme, le réveil de la Grèce a exercé une action salutaire sur les esprits; partout le flambeau intellectuel allumé ici avec la liberté a dispersé ses rayons lumineux.»

Dans les provinces de la Turquie habitées par des Grecs on compte, d'après les documents authentiques, 2338 écoles en tout, renfermant 134,425 élèves. Sur ces écoles il y en a 107 à Constantinople avec 12,000 élèves, 192 en Thrace avec 13,584 élèves, 329 en Macédoine avec 15,554 élèves, 100 en Thessalie avec 9,940 élèves, 738 en Epire avec 24,463 élèves, 103 en Crète avec 7,800 élèves, 24 à Jérusalem avec

1,740 élèves, dans différentes villes de l'Asie-Mineure 745 écoles avec 42,204 élèves.

En outre des écoles, on a fondé encore des Syllogues d'instruction et des Associations d'enseignement considérables, comme à Constantinople 9, dont les plus importants sont: le Syllogue connu sous le nom de Syllogue Philologique Grec, fondé en 1860, le Syllogue Philecpédeftique Epirote, fondé en 1872, le Syllogue Xirocrini, — et d'autres encore à Andrinople, à Philippopolis, à Serrès, à Thessalonique, à Castoria, à Vitolia, à Sylivria, à Oenoë, à Rédestos, à Coritza, à Vodéna, à Smyrne, à Pergame, à Magnésie, à Aïdini, à Mytilène, à Trébizonde, à Varna, à Attalia, à Kosani, à Lemnos, en Crète, à Thasos, à Rhodes et dans d'autres villes.

Le premier de ces Syllogues a institué aussi différents concours annuels, dont les plus importants sont ceux sur la description de l'Epire, de la Thessalie, de la Thrace et du Pont, qui ont provoqué des ouvrages très-remarquables,— et des concours annuels réguliers sur les meilleurs moyens de sauver et de conserver les productions de la musique populaire.

ETABLISSEMENTS
DE BIENFAISANCE

Les établissements de bienfaisance chez nous peuvent, d'après leur origine, se diviser en deux classes: établissements fondés par la Commune, et établissements fondés par les libéralités des bienfaiteurs homogènes.

La fondation d'établissements de bienfaisance par la Commune est basée sur l'obligation imposée à chaque Commune (Art. 11 de loi communale) de fournir à ses administrés, dans le cas d'indigence et d'incapacité prouvée de travailler, l'assistance nécessaire.

L'administration des établissements de bienfaisance, d'après l'Ordonnance Royale du 1er Décembre 1836 qui les concerne, est confiée à des confréries composées du Maire de la commune dans la circonscription de laquelle ils se trouvent, et de deux ou quatre habitants de la commune élus pour trois ans par les conseils municipaux; l'administration des biens des dits établissements est régie par les mêmes ordonnances qui régissent les biens communaux. Cette ordonnance édictée en exécution de la prescription de l'article 114 de Loi Communale, constitue l'unique législation spéciale sur les établissements de bienfaisance.

Les établissements de bienfaisance, quoique résultant

d'une obligation communale, ressortissent nénamoins à la sollicitude supérieure et à la surveillance de l'administation, à qui incombe le devoir de veiller sur les pauvres, pour l'assistance des indigents incapables, pour l'alimentation et les visites par les médecins des malades dénués de ressources, pour l'éducation des enfants pauvres, et surtout des orphelins, — et d'avoir l'oeil sur la gestion des établissements de bienfaisance fondés en faveur des déshérités de la fortune.

Les établissements de bienfaisance existants aujourd'hui s'élèvent au chiffre total de 39, savoir :

Hôpitaux 12, un à Athènes, un au Pirée, un à Chalcis, un à Missolonghi, un à Nauplie, un à Patras, un à Syra, un à Corfou, un à Zante, un à Saint-Maure, et deux à Céphalonie.

Dépôts de mendicité 7, un à Athènes, un à Patras, un à Syra, un à Corfou, un à Zante, et deux à Céphalonie.

Orphelinats 6, deux à Athènes et deux à Syra, dont un pour les garçons et un pour les filles, un au Pirée, et un à Corfou.

Hospices pour les enfants naturels 5, un à Athènes, un à Patras, un à Corfou, un à Céphalonie, et un à Zante.

Maisons d'aliénés 2, tous les deux à Corfou, un pour les hommes et un pour les femmes.

Hospice pour les Ophthalmies 1, à Athènes.

Ladrerie 1, à Cumes.

Monts-de-piété 2, l'un à Corfou et l'autre à Céphalonie.

Crèche 1, à Athènes.

Asyle pour les vieillards 1, au Pirée.

Lèprerie 1, à Thira.

Dans les établissements philanthropiques ci-dessus mentionnés ont été compris les établissements d'instruction dont il a été question dans la section de l'enseignement, parce que un but tout philanthropique a présidé à leur fondation.

En outre de ces établissements, l'Etat entretient une maison d'accouchement à Athènes, qui offre un refuge et des soins à la malheureuse femme en couche indigente, ou un asyle à la fille coupable pour échapper à la honte ou à la tentation de l'avortement. De plus, dans quelques monastères du royaume on admet des aliénés, et on rétribue des médecins pour visiter et soigner les indigents et les pauvres.

La plupart de ces établissements ont été fondés et sont entretenus par les communes où ils ont été fondés; quelques-uns ont été créés par les donations de généraux philanthropes qui ont laissé tout ou partie de leur fortune en faveur de ces oeuvres de bienfaisance, et sont entretenus par la rente de cette fortune. La dépense annuelle des communes pour l'entretien des fondations de bienfaisance est évaluée, d'après leurs budgets annuels des dépenses, à 590,000 drachmes.

En outre de ces établissements, plusieurs dames ont fondé il y a quelques années une Association sous le nom d'Association protectrice des pauvres à Athènes, dont le but est de secourir les personnes malades et incapables de travailler, en leur fouruissant dans la mesure de ses moyens l'assistance du médecin, la nourriture, le combustible, et dans certains cas une secours en argent. Aux personnes qui n'ont pas d'ouvrage, l'Association fournit les moyens de travailler.

Par les soins et avec l'assistance de cette Association, 1,113 malades ont été traités et guéris l'année dernière, et il a été dépensé en secours pécuniaires et en distributions de toute nature environ 5,000 drachmes.

Le nombre des membres de l'Association s'est élevé l'année dernière au chiffre de 193. — Les recettes ont monté à 10,214 drachmes, et les dépenses à 10,200.

La même Association a fondé la Crèche citée plus haut, où sont admis les petits enfants qui n'ont pas moins de 6 mois, et dont les mères sont obligées de passer la journée à travailler hors de la maison. Elles déposent pour la journée et l'entretien de leur enfant 10 lepta par jour, ou 15 lepta pour deux enfants. Les dépenses annuelles de cette Crèche montent à 5,000 drachmes.

Le patrimoine de tous les établissements philanthropiques existants en Grèce atteint le chiffre de 7,750,000 drachmes environ, dont le fonds immeuble est evalué à 3,954,000 drach. et se compose en grande partie de la valeur des édifices de chaque établissement, édifices dont la plupart sont rangés parmi les plus beaux monuments de la Grèce ; et dont les biens meubles, montant à 3,793,000 drach., se composent d'obligations publiques et de diverses autres valeurs de crédit et d'argent en espèces. — Les recettes de ces établissements sont évaluées à environ 750,000 drachmes, et leurs dépenses à un million de drachmes, couvert par les donations et les libéralités que la philanthropie et la charité fournissent à l'envi pour leur entretien.

Au rang des fondations philanthropiques est comprise aussi la sollicitude bienfaisante dont S. M. la Reine a pris la direction en ouvrant, depuis l'année 1872, dans le quartier le plus central de la cité d'Athènes une Salle d'Asyle, destinée à recevoir des enfants des deux sexes de l'âge de 4 à 7 ans, pendant que leurs pauvres mères sont occupées à des travaux loin de leur maison. — Ces enfants sont nourris, sont habillés dans l'intérieur de l'Asyle, ils apprennent la lecture, l'écriture, l'arithmétique, et des travaux manuels. Ils y sont élevés jusqu'à ce qu'ils soient en état de se procurer de l'ouvrage. Cet Asyle est fréquenté aujourd'hui par 20 enfants.

En outre de ces institutions, un grand nombre de communes du royaume subventionnent des médecins pour qu'il visitent gratuitement les malades indigents de la commune, et dans leurs budgets elles comprennent des subventions en faveur des administrés communaux indigents et incapables de travailler.

AGRICULTURE

Les habitants de la Grèce, pays agricole par excellence, avaient toujours pour principale et unique occupation l'agriculture. Mais sous la domination turque l'arbitraire qui régissait la propriété immeuble, l'incertitude qui régnait en plusieurs endroits sur la propriété, ou même son interdiction, les oppressions et les tributs écrasants avaient éteint chez les habitants l'ardeur au travail, qui apparaît principalement partout où l'activité n'est pas regardée comme un nouveau prétexte d'oppression et d'impôts. Une lonque lutte, inaugurant sur les ruines et la dévastation l'autonomie politique, légua au nouveau gouvernement un pays dépeuplé et des champs stériles sur lesquels on ne voyait plus que des vestiges de ravage et de misère.

Lorsque les représentants des cours alliées demandèrent au Président de la Grèce de leur apprendre quelle était la profession dominante des habitants, ils reçurent de lui cette réponse : «La profession dominante dans les peuples de chaque district dépend beaucoup et de la situation et de la nature du lieu, et du degré d'oppression sous lequel ont gémi et gémissent encore aujourd'hui les habitants. Les montagnards sont bergers ou guerriers, et tous les hommes de la plaine cultiveraient cette terre si fertile, s'ils n'étaient pas forcés souvent de déposer la charrue et de prendre les armes pour aller chercher leur sûreté dans les montagnes. Les rivages habités de la Grèce continentale et des îles ont des marins et des commerçants.»

Cette réponse brève donne peut-être, à défaut de données arithmétiques, une certaine idée de l'état dans lequel se trouvait, avant et pendant la lutte pour l'indépendance, l'industrie nationale, et où la trouva le premier gouvernement régulier en Grèce, ainsi que la première Royauté.

L'étendue de terre aujourd'hui cultivée dans les anciennes provinces (c'est-à-dire à l'exception des Sept-Iles) est évaluée à environ 11,000,000 de stremmes, contre 7,000,000 à peu près auxquelles elle avait été évaluée en 1860. Sur ces dernières terres, 7,000,000 de stremmes environ sont réservées pour l'ensemencement, et 3,000,000 sont occupées par des plantations. Sur cette étendue disposée pour l'ensemencement, plus de la moitié, c'est-à-dire 3,800,000 stremmes sont occupées par l'ensemencement des céréales, dont la production a été évaluée en l'année 1875 à 11,000,000 kilés au moins, production qui, insignifiante à l'époque de la lutte, a été évaluée en 1860 à 9,000,000 kilés.—Sur l'étendue occupée par des plantations, la plus grande partie, plus d'un million de stremmes, est occupée par les vignobles et par les raisins secs, dont l'étendue avant la lutte se bornait, pour les raisins, à 26,000 stremmes, et dont la production ne dépassait pas 5,000,000 d'oques. Pour les raisins secs, l'étendue se bornait alors à 30 mille stremmes, et leur production ne s'élevait pas au-dessus de 10,000,000 de livres. Tandisque, de nos jours, la production des raisins secs peut s'évaluer à 130,000 livres, et celle des vignobles à environ 160 millions d'oques de raisin. Les plants de mûriers, qui à cette époque montaient à peine à 380,000, dépassent aujourd'hui 1,300,000. Les oliviers qui, en 1834, ne dépassaient pas 2,300,000 arbres, sont évalués aujourd'hui à 7,000,000 au moins. La production des figues de Messénie, qui montait en 1840 à 41,564, et en 1856 à 92,000 quintaux d'après les données d'exportation, non comprise la consommation intérieure, s'est élevée en 1875 à 218,780 quintaux, dont 161,914 proviennent de la Messénie. Au lieu de 50,000 figuiers qui existaient avant l'année 1834 et de 260,000 pendant l'année 1856, leur nombre aujourd'hui est évalué à environ 980,000, dont 500,000 à peu près en Messénie.

Ce progrès de notre agriculture aurait été incomparablement beaucoup plus considérable, si d'une part il n'avait été entravé par les difficultés insurmontables du système d'impôts qui est encore en vigueur, et qui depuis un temps immémorial pèse en grande partie sur notre production agricole,—et si d'autre part ne régnait pas chez nous le système des petites propriétés et de la petite culture, système qui dérive en général des éléments sociaux mêmes de notre société.

La superficie cultivée aujourd'hui de notre territoire agricole est évaluée à strem. 20,615,56, soit 206,155 hectares, d'après les renseignements que nous avons reçus, et elle est ainsi divisée par nature de culture :

Céréales et autres farineux alimentaires......	3,718,689
Cultures potagères et maraîchères...........	26,579
» industrielles....................	1,921,422
Prairies artificielles.........................	268,133
» naturelles........................	3,853,204
Cultures arborescentes	90,131
Vignes	1,237,388
Jachères mortes..............................	3,500,000
Forêts..	6,000,000
Strem.	20,615,546

Il résulte de ces données que la surface cultivée aujourd'hui est évaluée à 16,753,170 stremmes *, y comprises les jachères mortes, mais non les pâturages naturels, surface qui est à peu près le tiers de la superficie totale de la Grèce, évaluée à 50,211 kilomètres carrés.

Comparés avec les données de 1860, époque où l'on a fait

* 10 Stremmes = 1 hectare.

pour la première fois un relevé des terrains cultivés, ces chiffres accusent un progrès sérieux dans la culture de la terre. En 1860 les terres cultivées ont été évaluées à 12,400,000 stremmes environ, y comprise l'étendue occupée par les forêts. Si nous déduisons de l'étendue des terres cultivées aujourd'hui la part afférente aux Iles Ioniennes, qui ne faisaient pas partie de la Grèce en 1860, et qui est de 1,513,925 stremmes, nous trouvons que dans l'espace de ces quinze dernières années l'agriculture a gagné une surface de deux millions de stremmes environ.

Ce progrès aurait été beaucoup plus considérable si notre agriculture n'était soumise à un système d'impôts écrasant, si les voies de communication étaient plus développées à l'intérieur, si l'instruction professionnelle de l'Agriculture, condition indispensable de tout progrès, était répandue, si, enfin, nos procédés de culture étaient à la hauteur de la science agricole.

CÉRÉALES ET AUTRES DENRÉES ALIMENTAIRES

La superficie totale des terres cultivées en céréales a été évaluée à 4,101,671 stremmes, subdivisée, par espèces, de la manière suivante :

Froment	strem.	1,595,864
Méteil	»	577,496
Seigle	»	8,464
Orge	»	679,109
Avoine	»	40,775
Maïs	»	618,159
Sarrazin	»	58,315
Millet et autres	»	28,078
Légumes secs	»	101,803
Pommes de terre	»	4,758
Riz	»	250
		4,101,671

La production totale est évaluée, pour 1875, à

Froment....................	hectolitres	1,540,317
Méteil.....................	»	502,011
Seigle.....................	»	5,663
Orge.......................	»	589,649
Maïs.......................	»	982,295
Sarrazin...................	»	46,328
Avoine.....................	»	43,289
Légumes secs...............	»	59,545
Pommes de terre............	»	36,204
Millet et autres...........	»	22,652
Riz........................	»	553
	Total : hectolitres	3,828,805

Cette production peut être estimée à 60,000,000 de dr.

Cependant la production du blé ne suffit pas à la consommation intérieure. Aussi en importe-t-on une quantité considérable, évaluée, pour ces dernières années, de la manière suivante, d'après le tableau de notre mouvement commercial :

1872	Kilés	3,175,092	d'une valeur de dr.	23,754,285
1873	»	2,608,540	»	20,362,033
1874	»	2,636,990	»	21,568,328
1875	»	3,345,174	»	—

L'exportation est presque insignifiante, comme il résulte des chiffres suivants :

1872	Kilés	62	d'une valeur de dr.	535
1873	»	662	»	3,488
1874	»	1,068	»	9,084
1875	»	—	»	—

Par conséquent la consommation intérieure du blé est (sur la base des chiffres de 1872, 1873 et 1875) de 6,900,000 kilés*. Si de cette somme nous retranchons 800,000 kilés environ exigés pour les semailles, il reste 6,100,000 kilés

* Le kilé = 26,17 kilogrammes.

seulement pour l'alimentation des habitants, pour laquelle on exporte, en moyenne, 23,000,000 de drachmes.

Il résulte de la quantité de blé consommée que l'alimentation de chaque habitant exige une moyenne de 4 kilés, 5 oques et 120 drames de blé par an, soit hectolitre 1 ¹/₂.

La production de 1875 donne une moyenne de 3 kilés et 288 drames pour chaque habitant, soit 73 drames par jour. La valeur totale de la production du blé a été évaluée à 26,000,000 de drachmes.

La production des autres céréales a été évaluée à 3,107,981 kilés représentant une valeur de 12,711,642 dr. pour le maïs, à 2,194,807 kilés d'une valeur de 8,011,045 drachmes pour l'orge, à 1,588,364 kilés d'une valeur de 8,807,143 drachmes pour le seigle.

L'exportation des autres céréales est tout-à-fait insignifiante; l'importation est, d'un autre côté, beaucoup plus considérable, comme on le voit par les chiffres suivants, extraits de nos tableaux du mouvement commercial :

Exportation

Années	Orge		Maïs		Divers	
	kilés	val. en dr.	kilés	val. en dr.	kilés	val. en dr.
1872	488	1,626	60	360	3,936	13,762
1873	2,077	7,921	57	277	26,877	72,873
1874	637	2,667	285	1,310	26,380	69,758
1875	431	1,500	—	—	1,531	4,080

Importation

Années	Orge		Maïs		Divers	
	kilés	val. en dr.	kilés	val. en dr.	kilés	val. en dr.
1872	224,668	803,018	378,047	1,814,488	97,054	267,204
1873	89,098	347,432	311,132	1,450,795	74,236	254,057
1874	151,619	653,285	213,027	1,236,561	42,455	128,106
1875	130,831	529,479	221,914	1,318,840	84,466	256,460

De ces tableaux il résulte que l'achat à l'étranger des autres céréales, le blé non compris, exige une exportation annuelle de 2,000,000 de drachmes environ, soit 25,000,000 de drachmes en tout.

Parmi les légumes, les haricots tiennent le premier rang. La production en a été évaluée à 1,228,370 oques d'une valeur de 417,645 dr. sur une production totale de légumes s'élevant à 3,759,021 oques représentant une valeur de 1,712,465 de drachmes.

Les tableaux de notre mouvement commercial nous donnent, sous la rubrique *Légumes*, les chiffres suivants, concernant l'importation, l'exportation et leur valeur :

Années	*Importation*		*Exportation*	
	Oques	Valeur	Oques	Valeur
1872	922,966	421,141	100,848	48,716
1873	694,788	315,019	149,424	50,261
1874	467,375	205,459	167,673	29,720
1875	1,028,427	437,347	90,870	37,527

CULTURES POTAGÈRES ET MARAICHÈRES

L'étendue des terres occupée par ce genre de culture est évaluée à 26,580 stremmes. Leur production peut être évaluée, pour l'année 1875, à 870,000 drachmes.

PRINCIPALES CULTURES INDUSTRIELLES

Sous cette désignation nous comprenons les cultures suivantes :

1° *Plantes oléagineuses*. Le lin, le chanvre, l'anis étaient, en 1875, cultivés sur une étendue de 14,142 stremmes ; leur production a été évaluée à 506,910 oques.

2° *Cultures oléagineuses arborescentes*. Nous ne noterons que les oliviers et les amandiers, occupant en tout une étendue de 1,684,998 stemmes, soit :

Oliviers	stremmes	1,678,998
Amandiers..................	»	5,937

La production de l'huile d'olive a été évaluée à 95 milliards oques, dont la valeur est de 20,000,000 de drachmes environ, celle des amandiers à 195,560 oques d'amandes.

La culture de l'amandier est insignifiante et sans aucune valeur industrielle chez nous.

Mais la culture de l'olivier, plante indigène cultivée depuis un temps immémorial, a une grande importance industrielle et commerciale. L'exportation de l'huile est un des principaux articles de notre commerce d'exportation, comme il résulte des chiffres suivants, que nous empruntons à notre tableau du mouvement commercial ;

Années				
1870	oques	3,819,379	valeur en dr.	4,627,633
1871	»	9,213,257	»	10,694,331
1872	»	2,592,543	»	2,970,603
1873	»	6,384,471	»	6,710,692
1874	»	2,919,412	»	2,888,364
1875	»	12,244,015	»	12,932,904

PLANTES TEXTILES

Le coton seul tient une place importante dans les textiles cultivés en Grèce. La culture du lin et du chanvre est fort limitée ; elle n'occupe qu'une superficie de 4,310 stremmes, que nous avons comprise plus haut sous la rubrique de *Plantes oléagineuses.*

C'est principalement depuis 1863 que la culture du coton s'est developpée ; insignifiante avant cette époque, elle prit son plus grand essor pendant la guerre civile des Etats-Unis, et fut limitée au rétablissement de la paix.

En 1875 la culture du coton comprenait une étendue de 109,858 stremmes ; sa production a été évuluée à 5,452,051 oques, d'une valeur de 3,275,490 drachmes.

Le coton indigène est presque entièrement consommé par nos filatures, mais ne suffit pas aux besoins de cette industrie. Aussi s'en fait-il une légère importation.

AUTRES CULTURES INDUSTRIELLES

Parmi ces dernières, le *tabac* tient la première place. En 1875 sa culture s'étendait sur une surface de 42,037 stremmes. Il est cultivé dans presque toutes les provinces de la Grèce. La production en a été évaluée à 2,130,203 oques, d'une valeur de 2,556,255 drachmes. La plus grande partie de notre tabac est consommée à l'intérieur ; on en exporte cependant une quantité assez considérable, d'une valeur de 1,000,000 de drachmes environ, d'après les tableaux de notre mouvement commercial.

Garance. Elle n'est cultivée que dans quelques provinces. La culture ne s'étendait, en 1875, que sur une surface de 4,750 stremmes. La production était évaluée à 19,844 quintaux, d'une valeur de 800,000 drachmes. La culture de la garance était jadis très-étendue, mais elle tomba à mesure que ce produit fût moins recherché par l'industrie européenne, qui avait remplacé ses propriétés tinctoriales par des substances artificielles.

ARBORICULTURE

Nous n'avons pas de renseignements complets sur notre arboriculture. Et il est fort difficile de s'en procurer, la culture des arbres se faisant dans les jardins, et non dans des champs séparés.

Voici des renseignements sur les plantes cultivées séparément :

1° *Figuiers.* La culture des figuiers s'étendait en 1875 sur une surface de 63,477 stremmes ; leur production s'est élevée cette même année à 218,780 quintaux, d'une valeur de 3,000,000 de drachmes environ. Une quantité considérable de figues est exportée a l'étranger. Elle est évaluée à 200,000 quintaux en moyenne, d'une valeur de 2,000,000 de drach.

2° *Mûriers.* Les champs de mûriers occupaient une étendue de 54,000 stremmes environ. Comme le mûrier est employé à l'élève des vers-à-soie, leur production se confond avec celle de la soie, évaluée en 1875 à 1,000,000 de drachmes environ.

Une grande partie de la soie et des cocons indigènes est exportée à l'étranger. Voici quelle est l'importance de cette exportation, d'après les tableaux de notre mouvement commercial :

Années	Cocons	Soie
	Val. en dr.	Val. en dr.
1870	44,230	437,820
1871	488,952	1,319,160
1872	329,971	1,155,475
1873	51,014	743,125
1874	107,718	1,069,271
1875	65,246	964,913

VIGNES

On a compris sous cette rubrique les vignobles et les champs de raisins de Corinthe. Ils s'étendent sur une surface de 1,237,388 stremmes. Les vignobles occupent une étendue de 871,079 stremmes, et les raisins de Corinthe 366,309.

Leur culture s'est considérablement développée et prend chaque année de plus vastes proportions. Pendant la guerre de l'indépendance elle occupait 75,000 strem. environ (non comprises les Iles Ioniennes); elle s'étendait en 1860 sur une surface de 645,560 stremmes, dont 492,502 pour les vignobles et 153,088 pour les raisins de Corinthe. Dans ces mêmes contrées, c'est-à-dire sans compter les Iles Ioniennes, l'étendue des terres occupées par ce genre de culture a été évaluée aujourd'hui à 1,029,235 stremmes, dont 737,859 pour la vigne, et 291,376 pour les raisins de Corinthe.

Leur production a été évaluée en 1875 à 19,500,000 dr. pour les vignes, et à 37,000,000 drachmes pour les raisins de Corinthe.

La presque totalité des raisins de Corinthe est exportée

au dehors ; elle forme le principale branche de notre commerce d'exportation. D'après les tableaux de notre mouvement commercial, l'exportation des raisins de Corinthe a été évaluée de la manière suivante :

1870	valeur en drachmes	17.308.560
1871	»	30,325,935
1872	»	25,472,401
1873	»	35,646,570
1874	»	37,225,024
1875	»	37,500,000

L'exportation de nos vins monte à 4,519,200 oques, d'une valeur de 1,200,000 drachmes environ.

PRAIRIES

Il n'y a pas à proprement parler de prairies artificielles en Grèce. On peut cependant comprendre sous cette rubrique les trèfles et les gazons, qui occupent ensemble une étendue de 268,133 stremmes.

L'étendue des pâturages naturels a été évaluée à 3853204 stremmes.

BOIS ET FORÊTS

L'étendue de nos forêts peut être évaluée, non comprises les Iles Ioniennes, à 6,000,000 de strem. Mais leur culture, complètement négligée d'ailleurs, ne repose malheureusement sur aucune base scientifique. La valeur de la production totale de nos forêts peut être évaluée à 4,000,000 de drachmes. La production la plus importante provient de vallonées, dont l'étendue est évaluée à 13,000 stremmes environ. La plus grande partie de la production des vallonées est exportée. D'après les renseignements de nos tableaux de commerce, cette exportation est évaluée pour les dernières années comme il suit :

1870	ont été	exportés	quintaux	84,448	d'une valeur de	1,262,127
1871	» »	»	»	110,898	»	1,475,563
1872	» »	»	»	101,368	»	1,460,995
1873	» »	»	»	41,366	»	584,994
1874	» »	»	»	134,077	»	2,151,459
1875	» »	»	»	104,832	»	1,749,077

DETAIL

Le nombre des bestiaux est calculé sur la base des bêtes qui paient l'impôt, et sur le dénombrement fait en 1875. Il a donné les résultats suivants :

Boeufs	159,153
Vaches	81,984
Buffles	794
Veaux....................	37,514
Chevaux	97,176
Mules	45,440
Anes....................	97,395
Porcs	179,662
Moutons	2,291,917
Chèvres	1,836,628
total:	4,827,663

Sur ces bestiaux le nombre de ceux qui sont employés à la culture de la terre, dont on a fait un dénombrement spécial, est de 213,025, comprenant les espèces suivantes :

Boeufs....................	153,712
Vaches	37,120
Buffles	230
Chevaux	8,152
Mules	6,358
Anes....................	7,453
total:	213,025

Maintenant si nous tenons compte de la surface totale des terrains labourés annuellement, qui est de 4,000,000 de stremmes environ, nous trouvons que chaque paire de ces animaux laboure en moyenne 38 stremmes.

La volaille n'a pas été comprise dans le recencement des animaux domestiques. On n'a pas fait de recencement spécial pour elle.

On n'a cependant pas négligé la vérification des ruches d'abeilles, dont le nombre total s'élève à 166,900.

RENDEMENT MOYEN EN VIANDE DE BOUCHERIE

D'après les calculs faits, le poids relatif de la viande peut être évalué de la manière suivante :

	Poids en kilogrammes de l'animal	
	en vie (poids brut)	abattu (poids net)
Boeufs et taureaux.........	192 et 256	141 et 205
Vaches..................	128	76
Veaux..................	51	32
Moutons et brebis.........	19	12
Agneaux.................	6	4
Porcs...................	96	58
Boucs et chèvres..........	21 et 18	15 et 11
Chevreaux...............	6	4

Ce n'est que depuis 1872 que les tableaux de notre mouvement commercial parlent d'une manière spéciale du commerce des bestiaux, et pour l'importation seulement. Auparavant ils étaient compris sous les dénominations génériques de gros et de petit bétail. C'est ce que l'on fait encore pour l'exportation. Nous avons donc, depuis 1872, les renseignements suivants :

Importation

	1873		1875	
	nombre	valeur	nombre	valeur
Taureaux et Boeufs......	10,680	1,538,678	14,716	1,940,312
Chevaux...............	831	233,470	964	273,500
Mulets................	551	153,810	770	244,070
Anes..................	78	6,500	96	9,605
Porcs.................	980	37,175	1,445	62,713
Chèvres et Moutons......	70,881	701,785	45,854	428,399

Exportation

	1873		1875	
	nombre	valeur	nombre	valeur
Gros Bétail.............	407	25,210	344	29,025
Petit Bétail.............	3,324	21,257	1,530	10,116

Il n'y a pas d'élèvage soigné du bétail chez nous. Aussi son revenu ne peut-il être comparé à celui du bétail des autres pays.

D'après les calculs faits, le revenu annuel du bétail est pour les :

Boeufs de	dr.	32
Chevaux de	»	40
Bêtes à laine	»	8

La production totale de la laine pour 1875 a été évaluée à 3,000,000 d'oques environ, dont la valeur est de 0,80 à 1,50 lepta l'oque. Une partie de cette laine est consommée à l'intérieur pour la confection des habits et des couvertures des paysans. Les tableaux de notre mouvement commercial nous donnent à ce sujet les renseignements suivants sur l'exportation de la laine :

Années	Quintaux	Val. en dr.
1870	2,401	172,462
1871	5,776	518,530
1872	20,991	1,459,963
1873	9,956	632,023
1874	6,556	409,882

La production des ruches d'abeilles peut être évaluée pour chaque ruche à 6 oques de miel et 100 drames de cire, d'une valeur totale de drachm. 7,50 °/₀.

ECONOMIE RURALE

Le nombre des habitants qui s'occupent de la culture de

la terre, les bergers compris, est, d'après le recencement de 1870, de 562,559 sur 901,387 habitants dont la profession a pû être constatée parmi les 1,457,894 habitants du royaume. Sur ce chiffre, 218,027 sont des agriculteurs proproprement dits. C'est la profession dominante dans le pays. Il y a aussi 44,532 bergers.

La propriété est extrêmement morcelée dans les districts montagneux et dans les îles de la mer Egée notamment, où il y a des propriétaires qui possèdent de 5 à 10 stremmes de terrain en plusieurs endroits différents et en plusieurs morceaux de 1 à 2 stremmes. Dans les districts de la plaine il y a des propriétaires de 50 à 100 strem., et un petit nombre qui en possèdent plus de 1000.

Les boeufs sont généralement employés à la culture et au labourage. Dans quelques provinces on commence à se servir de chevaux, de mulets, et dans quelques endroits on se sert des ânes mêmes.

Dans presque toutes les provinces domine le système de la petite culture, système qui découle des éléments mêmes qui composent notre société. On sait en effet que chez nous la plus grande partie des laboureurs sont aussi propriétaires de quelque étendue de terres qu'ils cultivent patriarcalement. Les grandes propriétés sont cultivées de trois manières, par le propriétaire lui-même qui paye les intendants et la main d'œuvre, par convention avec les cultivateurs qui lui donnent une quantité convenue des produits en nature, ou par l'affermage en grand ou par stremme. Le bail se fait presque toujours pour un an, et dans quelques localités seulement pour deux ans.

Les conventions diffèrent selon les départements et la nature des terres, divisées généralement en montagneuses et en plaines. Le bail est calculé sur le revenu net, sur le revenu brut ou d'emblée, en argent ou en nature. Mais, dans aucun de ces trois cas il n'est jamais au-dessous de 10 ni au-dessus de 50 pour cent. La semence est fournie ordinairement par le cultivateur, l'impôt est généralement prélevé avant le partage, ou est payé par moitié entre le propriétaire et le cultivateur qui se partagent également le revenu brut. Le bail en nature est appelé *géomoros*, c'est-à-dire que la semence équivaut à 20 ou 25 pour cent sur le revenu brut.

Les baux à long terme qui n'ont lieu que pour quelques grandes propriétés, sont très-rares non seulement à cause de l'absence de capitaux et du manque de connaissances spéciales, mais aussi parce que l'agriculture n'étant pas encore regardée parmi nous comme une industrie particulière, on n'a pas encore de fermiers connaissant bien leur métier.

Ces systèmes de culture dominent dans presque toute la Grèce, et on ne saurait dire lequel est exclusivement employé dans telle ou telle localité, parce que les mêmes conditions de bail ont lieu dans la même province et localité.

Le système des jachères est en usage pour toutes les terres arables; celui des cultures alternantes n'a pas encore reçu d'application pratique.

Les salaires pour les travaux des champs sont de drach. 2,80 °/₀ en moyenne, par jour et par personne.

La valeur des terres arables varie de 40 à 100 drachmes le stremme.

La production moyenne en céréales d'un stremme est de 7 kilés pour les terres de première qualité, et de 2—3 pour les terres de deuxième qualité.

D'après nos tableaux de commerce, l'exportation annuelle de la production agricole monte à une valeur de 55,566,000 drachmes pour une importation des produits agricoles d'une valeur de 37,868,000 drachmes.

INDUSTRIE

Pour ce qui concerne l'industrie proprement dite, la Grèce, et à cause de la rareté de sa population, et à cause de la disproportion numérique des habitants avec l'étendue des terres, et à cause du manque de capitaux, — n'a pu montrer que dans ces derniers temps des progrès relativement considérables.

Un fait certain, c'est que l'industrie présupposant une agglomération de population, un développement de richesse et de besoins nouveaux, et l'emploi des forces mécaniques, est restée pendant de longues années stationnaire et presque inaperçue, et qu'elle se distinguait à peine de l'agriculture. Mais cette situation a commencé à s'améliorer sensiblement par l'accroissement de la population et de la production agricole, par les développement de l'esprit d'association et par la diffusion de l'instruction et des connaissances techniques.

Le Gouvernement, à une époque plus ancienne, ayant essayé d'imposer, pour ainsi dire, l'établissement de différentes industries travaillant spécialement les produits du pays, — entreprit d'encourager leur création par la concession de divers avantages, de priviléges exclusifs et de subventions. Mais la plupart des établissements industriels fondés sous de pareilles conditions échouèrent complètement, et le développement de l'industrie qui a surgi dans ces dernières années est dû tout entier à l'initiative privée et à la puissance de l'association. — Dans un espace de temps très-rapide surgirent différents établissements industriels remarquables, dont le nombre monte aujourd'hui à 108, réunissant une force de 2,884 chevaux.

Dans ce court aperçu nous n'entreprendrons pas de présenter un tableau complet de notre industrie, mais de donner quelques notions sur les établissements à vapeur seulement.

Nous bornerons là nos renseignements,parceque d'un côté ces établissements peuvent être considérés comme représentant pricipalement l'activité industrielle du pays, de l'autre parce que le but des renseignements dont il s'agit est de faire voir le progrès de l'introduction de la vapeur, cet agent infatigable de la civilisation, dans notre industrie.

Celui qui reviendrait à Athènes après une absence de quinze ans sera certes surpris de voir, en débarquant au Pirée, de hautes cheminées du côté de la gare du chemin de fer, et le vaste quartier qui s'est formé de nombreux établissements industriels, là où, il y a quelques années, on n'apercevait par une chaumière, pas un arbre, pas un brin de verdure.

Si l'on prend en considération que tous les établissements industriels que l'on voit en Grèce sont l'oeuvre de quelques années, on apprendra avec intérêt les progrès accomplis dans un si court espace de temps, et cela d'autant plus que tout est dû, ainsi que nous l'avons déjà dit, à l'initiative individuelle, à l'association des capitaux et à la concurrence, cette loi universelle du progrès des nations comme des individus.

Le nombre de nos établissements industriels à vapeur se réparti comme il suit entre les différentes villes du royaume :

1) Pirée	33	chevaux	1095
2) Athènes	11	»	119
3) Syra	9	»	179
4) Patras	7	»	111
5) Corfou	7	»	105
6) Parnasside	5	»	73
7) Zante	4	»	121
8) Laurium	4	»	700
9) Calamata	3	»	58
10) Ithaque	3	»	19
11) Mégare	3	»	19
12) Sparte	2	»	28
13) Nauplie	2	»	40
14) Andros	2	»	34
15) Stylis	1	»	30
16) Aigium	1	»	20
17) Céphalonie	1	»	15
18) Santorin	1	»	15
19) Hydra	1	»	13
20) Chalcis	1	»	20
21) Lamia	1	»	12
22) Missolonghi	1	»	12
23) Spetzia	1	»	10
24) Gythion	1	»	12
25) Corinthe	1	»	8
26) Argos	1	»	8
27) Scopelos	1	»	8
	108		2,884

Quelques-uns de ces établissements sont divisés en deux ou plusieurs sections, dont les travaux n'ont aucune relation entre eux. Ainsi, dans le même établissement, il y a, par exemple, une filature, un moulin à vapeur avec boulangerie, une fabrique de pâtes, ainsi qu'un atelier pour la construction de machines. Cette fusion, effet d'une industrie à sa naissance, de la rareté de la population et du manque de capitaux, disparaîtra, il faut l'espérer, en raison du développement de la force d'association, du progrès de l'instruction professionnelle et de l'augmentation des capitaux ; autrement les établissement fondés dans ces conditions ne sauraient ni prospérer ni exister pendant longtemps. Dans les conditions actuelles de l'industrie et de la production, la division du travail est la base du progrès véritable. Elle est, non-seulement la disposition fondamentale du travail dans les ateliers, mais à mesure qu'un industrie se développe, la confection d'un même article se partage entre plusieurs établissements uniquement fondés pour le service d'une seule et même industrie.

En tenant donc compte des ateliers qui se trouvent dans un même établissement, on trouve que le chiffre de nos établissements à vapeur est de 95, ainsi répartis :

Moulins à farine	44	chevaux	859
Filatures de coton	12	»	591
Fileries de soie	6	»	84
Moulins à huile	11	»	192
Construction de machines	10	»	118
Tanneries	4	»	46
Egrainoirs	4	»	69
Fabriques de vins et d'alcool	10	»	39
Fonderies de métaux	4	»	700
Tissage du coton	2	»	96
Poudrière	1	»	45
Divers	7	»	45
	113		2,884

Presque tous ces établissements, à l'exception d'un petit nombre, d'une force totale de 255 chevaux, ont été fondés depuis 1863. Le plus importants, avec une force motrice de 2,629 chevaux, ne datent que depuis 1869.

D'après les renseignements fournis par leurs directeurs, la valeur vénale de ces établissements est de 29,000,000 drachmes environ. Ils dépensent 45,000,000 drach. en matières premières, et trois millions de drach. environ pour le combustible, et fabriquent des produits d'une valeur de 55,000,000 drachmes.

Le combustible est, en grande partie, importé de l'étranger. Cependant on emploie aussi du charbon de terre indigène, en tant que nos mines de charbon naissantes peuvent en fournir. Quoique le calorique de nos charbons soit dans la proportion de 1 $^{3}/_{4}$ pour 1 avec les charbons étrangers, leur prix, inférieur presque de moitié, en rend l'emploi avantageux.

Les calculs précités sur la situation et l'activité de nos établissements à vapeur, quoi qu'ils ne nous paraissent pas exempts d'exagération, permettent d'apprécier d'une manière incontestable l'importance et le large fonctionnement de quelques-uns d'entre eux, chose d'autant plus satisfaisante que le progrès des établissements existants provoque la création de nouveaux.

Les plus importants de ces établissements sont :

1° Les Filatures de coton qui façonnent le coton de provenance indigène, et grâce auxquelles l'importation des fils, qui auparavant et jusqu'à l'année 1870 était évaluée d'après nos tableaux de commerce à environ 2,700,000 drachmes, se borne aujourd'hui à 1,000,000 de drachmes contre une valeur à peu près égale d'exportation de fils fabriqués dans nos filatures.

2° Les Tisseranderies qui, établies l'année dernière, se trouveront bientôt en état de suffire pour la plus grande partie aux exigences respectives de la consommation intérieure.

3° Les Corroiries, qui non seulement façonnent les peaux du pays, mais encore en importent de l'extérieur pour une valeur de plus de 3,000,000 de drachmes.

4° Les moulins à farine, qui produisent annuellement pour environ 26,000,000 de drachmes de farine.

5° Les Pressoirs à huile, dont le produit annuel est évalué à plus de 13—14,000,000 de drachmes.

6° Les Usines à machines, qui approvisionnent l'agriculture et les établissements industriels d'outils, d'instruments et de machines dont le pays obtenait auparavant à grand'peine et insuffisamment l'importation de l'étranger.

7° Les établissements de Vinification et les Distilleries de spiritueux installés et organisés constamment d'après les méthodes les plus parfaites pour le rendement, donnant des produits de qualité supérieure, et en exportant chaque année une quantité considérable évaluée à 1,700,000 drach.

Enfin la Métallurgie, qui, il y a dix ans, était complètement ignorée, et qui constitue aujourd'hui la branche la plus importante de notre industrie, occupant plus de 2,000 ouvriers et produisant chaque année des minerais en nature ou à l'état de fonte pour une valeur approximative de 5,000,000 de drachmes.

OUVRIERS

Le nombre total des ouvriers employés dans les établissements industriels dont il s'agit est de 7,342, dont 4,959 hommes, 1230 femmes, 629 garçons et 524 filles, ainsi répartis dans 136 établissements:

Etablissements industriels.	hommes.	femmes.	garçons.	filles.	En tout.
18 Filatures de Coton.......	243	447	234	161	1,085
12 Fileries de Soie.........	50	515	»	304	869
32 Moulins à farine.........	755	8	52	»	815
10 Moulins à huile	196	»	6	»	202
9 Construction de machines.	215	»	128	»	342
7 Tanneries...............	696	»	90	»	786
13 Egrainoirs	91	21	24	»	136
2 Tissage du Coton........	45	184	9	»	238
	2,291	1,175	543	465	3,473

	2291	1172	543	465	3473
4 Fonderies de métaux.....	1904	»	»	»	1904
3 Minéralogiques..........	318	»	»	»	318
1 Soufrière...............	70	»	2	»	72
2 Poteries	80	6	15	13	114
2 Verreries	108	34	29	26	197
4 Fabriques de vin........	35	6	»	»	41
5 » d'alcools	18	»	4	»	22
3 Savonneries	11	2	1	»	14
1 Poudrerie...............	21	»	7	»	28
10 Divers.................	104	7	28	20	159
	4959	1230	629	525	7342

L'industrie minière en emploie le plus grand nombre, 2,222; viennent ensuite les filatures avec 1085 ouvriers, dont 243 hommes, 447 femmes, 234 garçons et 161 filles. Les autres industries suivent dans l'ordre suivant: 1° les fileries de soie, qui emploient 869 ouvriers dont 50 hommes, 515 femmes et 304 filles; 2° les moulins à farine avec 815 ouvriers, parmi lesquels 755 hommes, 8 femmes et 52 enfants; 3° les tanneries, qui occupent 786 ouvriers dont 696 hommes et 90 enfants.

Les fileries de soie emploient le plus grand nombre d'enfants des deux sexes.

Le Pirée vient après le Laurium, qui réunit le plus grand nombre d'ouvriers exclusivement occupés d'industrie minière. Il compte 1662 ouvriers. Les ateliers de Syra en emploient 1416.

LÉGISLATION

Notre législation a consacré d'une part en règle générale le principe du libre exercice de toute industrie; elle a imposé d'autre part au Gouvernement le devoir de protéger l'industrie par l'ouverture de nouveaux débouchés et l'extension des relations commerciales dans les Etats étrangers, par la création d'écoles professionnelles, de marchés, de communications intérieures, par l'assistance des individus malades et incapables de travailler. Quant à ce qui a rapport à l'intérêt général de la société et à la nature même de l'industrie, qui dans ses fonctions multiples touche à des intérêts et à des droits dont l'assurance intéresse sérieusement la sécurité et le bonheur de la société, elle a établi certaines exceptions prohibitives ou restrictives du droit du libre exercice de l'industrie. Par ces exceptions elle a réservé pour l'Etat quelques monopoles, comme celui de la fabrication exclusive de la monnaie ; ou elle a établi des garanties d'assurance pour ce qui concerne la vente et la confection des vaisselles et bijoux d'or et d'argent ; ou elle a limité le libre exercice de certaines professions qui, par leur nature, doivent dans l'intérêt de la société être entourées de quelques garanties ; ou elle est intervenue, par des restrictions prohibitives ou réglementaires, dans certains établissements, dans lesquels s'exercent des professions déterminées susceptibles de nuire à la sûreté et à la propreté publique.

En outre de ces prescriptions législatives, qui ne comportent qu'un caractère purement réglementaire, notre législation entoure encore l'industrie de quelques prescriptions protectrices de son libre fonctionnement. — Par l'article 433 de la Loi Pénale sont protégés les inventions ainsi que les œuvres et les produits des sciences ou des arts. en tant qu'ils sont garantis par des priviléges locaux particuliers contre les contrefaçons nuisibles ; et par l'ordonnance du 27 juillet 1836 il est établi un impôt particulier sur les priviléges accordés pour l'encouragement des arts et des sciences.

Les priviléges assujettis au payement de cet impôt particulier et garantis par la loi pénale, sont analogues aux priviléges concédés chez les autres nations en vertu de la législation sur les brevets d'invention.

Une pareille loi, garantissant les nouvelles inventions et découvertes et leur introduction, réglant les rapports de l'inventeur avec la société. et ses droits et ses obligations, fixant les éléments essentiels des inventions et découvertes considérées commes nouvelles, les objets pour lesquels sont demandés et obtenus les droits d'invention, les cas où ces droits sont de plein droit annulés, les rapports des tiers et avec l'inventeur et avec ses participants on actionnaires, — une pareille loi n'existe pas encore chez nous. En outre, aucune loi ne fixe les conditions auxquelles ceux qui chez nous introduisent de nouvelles inventions ou de nouvelles entreprises industrielles remarquables, peuvent demander et obtenir un privilége.

L'article 61 de l'Ordonnance relative à la Police impose à la Police le devoir de veiller sur l'emploi arbitraire des inscriptions et emblèmes; et l'article 677 de la Loi Pénale garantit la propriété des marques de commerce, en punissant quiconque sans permission met des marques particulières sur des marchandises étrangères. Et cette ordonnance est la seule qui existe dans notre législation pour la garantie de la propriété des marques sur les marchandises et sur les produits industriels. — De pareilles ordonnances, assurant dans les transactions commerciales les produits et les marchandises des fabriques, constituent aujourd'hui chez les autres nations une législation complète.

Tout ce qui concerne l'industrie ressort à la compétence du ministère de l'Intérieur ; et à la *Commission de l'encouragement de l'industrie nationale* ont été imposés de très sérieux devoirs, principalement au sujet de l'industrie. L'ordonnance fondamentale de cette commission prescrit chaque année une exposition et une expérience de nouveaux instruments d'agriculture et d'autres machines utiles aux différents métiers, une exposition des animaux originaires de la Grèce perfectionnés, ou des animaux étrangers importés pour la première fois, et la distribution officielle des prix. Cette exposition n'a jamais en lieu. Cependant, en 1858, aux frais et par la libéralité d'Evangéli Zappa, d'éternelle mémoire, ont été instituées, sous le nom «d'*Olympies*» (Olympia), des exposition d'industrie et d'agricultnre renouvelables chaque période de quatre ans, dans lesquelles, conformément au statut fondamental, devront être présentés tous les produits de l'activité hellénique, et particulièrement les produits de l'industrie, de l'agriculture et de l'élevage du bétail. La direction et la surveillance de ces expositions ont été confiées à la Commission de l'encouragement de l'industrie nationale, à laquelle on adjoint à chaque période quatre autres membres. La première exposition des Olympies a été inaugurée et célébrée à Athènes au mois d'Octobre de l'année 1859, la deuxième en 1870, et la troisième en 1875. Un magnifique palais, élevé tout exprès aux frais du généraux fondateur des Olympies, est destiné à recevoir, après son achèvement, la quatrième Exposition des Olympies.

COMMERCE

MARINE MARCHANDE. SOCIÉTÉS ANONYMES ET BANQUES.

L'encouragement du commerce a attiré dès le principe la plus sérieuse sollicitude du Gouvernement, qui, par divers décrets et ordonnances, s'est évertué a en faciliter et à en activer le progrès.

La législation commerciale en vigueur est basée sur les principes de la liberté du commerce sagement comprise.

La législation commerciale en vigueur chez nous est le code français lui-même, qui a été introduit dès la seconde année de la Renaissance Nationale.

La profession de commerçant et les transactions commerciales ne sont soumises à aucune restriction, et elles jouissent de toute protection et de tout appui. L'article 2, § 12 de l'Ordonnance Royale du 3 Avril 1835 sur l'organisation du ministère de l'intérieur, et les Articles 46, 57 et 60 du décret sur le devoirs des Préfets consacrent la liberté pleine et entière du commerce, et lui accordent la protection nécessaire pour son libre exesrice.

La consécration de la législation des juges de Commerce et les Ordonnances Royales du 14 Novembre 1836 sur la navigation commerciale, du 15 et du 27 Décembre 1836 sur la Police de la navigation commerciale, garantissent les intérêts commerciaux et encouragent le progrès du commerce. La loi du 13 Novembre 1851, par laquelle a été introduit le système des livrets, non seulement par les garanties qu'elle a consacrées a rendu plus facile la formalité des prêts de marine, mais encore a limité les pertes et les risques des sociétés d'assurance. Enfin la législation douanière, basée sur les principes de la liberté du commerce, non seulement encourage nos transactions internationales, mais encore accorde la protection la plus convenable et la mieux comprise à la production du pays.

COMMERCE INTÉRIEUR

La circulation des marchandises dans l'intérieur du Royaume jouit d'une liberté entière, n'étant assujettie à aucune autre restriction que celle du payement d'un certain droit communal ou octroi, sur les marchandises introduites dans chaque commune pour la consommation locale. Cet impôt ne dépasse pas les 2 p. °/₀ du prix des articles de la consommation intérieure, lesquels sont fixés expressément dans la loi. Cependant cet impôt peut s'étendre aussi à d'autres articles, toutes les fois qu'il est justifié par des circonstances particulières et inévitables de quelque commune.

L'ensemble de ces impôts communaux de toutes les communes du Royaume s'élevait :

en 1859 à Drachmes..........	843.699
en 1876 »	2,340,973

CHAMBRES DE COMMERCE

Il y a dans tout le Royaume 10 chambres de commerce, établies par ordre de date comme il suit : en 1836 une à Nauplie, une à Patras et une à Syra ; en 1841 une à Athènes ; en 1853 une à Calamas ; en 1860 une à Lamie et une à Chalcis ; en 1865 une à Corfou ; en 1866 une à Zante et une à Céphalonie.

Ces chambres de commerce composées de six membres réguliers et de trois membres suppléants, nommés par Ordonnance Royale sur la base du nombre triple des candidats élus par le syndicat commercial de la ville où siége la Chambre de commerce, sont présidées par le préfet on par le vice-président élu par les membres, — et elles servent à éclairer le gouvernement sur différents objets qui intéressent plus ou moins le commerce hellénique.

INSTRUCTION COMMERCIALE

Par les ordonnaces Royales du 18 Août 1856 et du 3 Août 1857, on a introduit dans les Gymnases de Syra et de Patras l'enseignement du commerce, et dans chacun de ces gymnases on a établi une section commerciale, où sont données les leçons les plus nécessaires et les plus indispensables pour le commerce, c'est-à-dire les éléments du droit commercial, la comptabilité et la géographie commerciale.

FOIRES

Chez nous les Foires sont fixées par Ordonnance Royale, et durent de 3 à 4 jours. Par un décret du Président du 4 Février 1830, encore un vigueur aujourd'hui, un certain impôt est aussi établi sur les marchandises transportées dans ces foires.

Les recettes des diverses communes perçues sur les foires et sur les barraques qu'on y élève, s'élevaient en 1859 à 25,000 drachmes, en 1876 à 44,000 dr.

Le nombre des foires qui ont lieu dans tout le royaume s'élève aujourd'hui à 42.

MONNAIE

Un des premiers actes du Gouverneur de la Grèce fut la création d'un hôtel des monnaies, et la frappe d'une monnaie nationale sous le nom de *Phénix*. Après le Gouverneur, la Régence ayant réformé sur de nouvelles bases le système monétaire de la Grèce, institua comme unité monétaire la drachme, règlementa la proportion du métal précieux des monnaies d'or et d'argent avec l'alliage de cuivre, leur poids, et la proportion dans les payements des monnaies d'or et d'argent avec celle des monnaies de cuivre, soit deux drachmes de billon sur une somme de 100 drachmes.—De plus elle décréta que les payements versés dans la Caisse Nationale se feraient à l'avenir en monnaies du pays, et elle ne permit que provisoirement que certaines pièces étrangères fussent reçues à un taux déterminé. Mais cette exception, reposant sur la base vicieuse du taux des monnaies étrangères, eut pour résultat la disparition de cette petite quantité même de monnaie nationale, et son remplacement par des monnaies étrangères.

Le Gouvernement, prenant en considération cet état défectueux de notre système monétaire, a évoqué la loi votée depuis le 1867 sur le nouveau système monétaire qui a pris pour base la convention passée l'année 1865 entre la France, l'Italie, la Belgique et la Suisse, à laquelle adhéra aussi la Grèce en 1868. Sur la base de ce nouveau système monétaire de l'Unité Latine on a coupé jusqu'à ce jour: 12 millions de pièces de 5 drachmes, 9 millions de petites pièces, 1 million de pièces d'or, et 3 millions de pièces de cuivre. Et la circulation de la monnaie de tout autre pays non compris dans l'Unité Latine a complètement cessé.

MOUVEMENT DU COMMERCE

Sur le mouvement du commerce extérieur de la Grèce, nous n'avons point de renseignements antérieurs à l'année 1851 : car avant cette époque on ne publiait pas de tableaux indiquant le mouvement de notre commerce, et les éléments imparfaits qui existent ne peuvent pas servir de point de comparaison.—Nous nous bornons donc à examineur les documents depuis l'année 1851, et encore ces documents jusqu'à l'année 1858 ne comprennent que le *commerce Spécial.*

En conséquence, d'après les renseignements que nous avons en vue, le *commerce Spécial* de la Grèce, qui était en 1851 de 39,670,904 drachmes, s'est élevé en 1864 à 80,187,861 drachmes, et le *commerce Général*, qui était en 1858 de 73,066,696 drach., s'est élevé en 1864 à 93,288,405 drachmes, et les chiffres de ces deux commerces se répartissent comme il suit entre l'importation et l'exportation :

Commerce Spécial.

	Importation	*Exportation*
1851	25,819,702	13,851,202
1861	54,982,694	25,205,167

Commerce Général.

1858	44,201,511	28,865,185
1864	61,899,765	31,388,640

Cette comparaison pour l'ancien Royaume (sans les Sept-Iles) s'arrête nécessairement à l'année 1864, d'autant plus que depuis l'année 1865 nos tableaux du mouvement du commerce ne comprennent point cette distinction dans le mouvement commercial entre le royaume existant jusqu'à cette époque et le royaume actuel.

Mais depuis l'année 1865 notre commerce général, qui était de 141,923,108 drachmes, s'est élevé en 1874, la dernière année des tableaux de commerce, à 195,853,066 drachmes, réparties comme il suit entre l'importation et l'exportation :

Commerce Général.

	Importation	*Exportation*
1865	90,251,389	51,671,719
1874	120.367,159	75,485,907

Si nous examinons plus spécialement l'importation d'après certaines espèces principales de marchandises, nous obtenons les chiffres suivants pendant ces deux périodes, c'est-à-dire depuis 1851 jusqu'à 1864 avant la réunion des Sept-Iles, et depuis leur réunion depuis 1865 jusqu'à 1874 :

I

Importation

	1851	1864
Céréales, Valeur de drach.........	5,048,088	7,297,311
Etoffes..................................	7,553,831	14,885,838
Bois......................................	1,584,081	2,274,161
Peaux { brutes / façonnées }	—961,424	{ 4,894,428 / 668,892 }

Exportation

	1851	1864
Raisins secs d'une Valeur de dr.	8,359,196	11,137,754
Soies.....................................	991,947	—
Peaux { brutes / façonnées }	121,590	{ 246,776 / 1,215,429 }
Tabacs..................................	91,727	1,267,828
Figues..................................	588,024	1,336,360
Glands..................................	625,738	1,102,044
Huile.....................................	236,582	304,322
Coton....................................	2,570	1,375,297

II

Importation

	1865	1874
Céréales..................................	16,100,634	24,029,939
Etoffes..................................	17,347,442	20,530,076
Peaux { brutes	4,540,376	{ 7,396,327
Peaux { façonnées..................	1,207,371	910,824 }
Bois......................................	3,358,784	5,257,788
Charbons............................	22,820	3,070,902
Fer	1,501,039	2,283,525
Coton....................................	7,781	184,966

Exportation

	1865	1874
Raisins secs	17,987,880	37,225,024
Peaux — brutes	266,890	1,128,149
Peaux — façonnées	4,908,403	5,216,778
Plomb	—	3,427,700
Huile	6,365,372	2,888,364
Figues	1,574,303	2,578,154
Glands	1,636,014	2,151,459
Boissons	766,493	1,791,060
Soies	173,415	1,069,271
Tabacs	1,392,502	1,065,867
Fils	—	989,184
Savon	563,594	790,003
Cocons de soie	685,464	107,718
Coton	4,151,557	202,104

Si nous essayons de comparer les chiffres ci-dessus annotés de l'importation et de l'exportation des principales marchandises d'après nos tableaux de commerce, il en résulte des données certaines indiquant un progrès ascendant. Ainsi par exemple :

1° Tandis que l'importation des peaux en général est limitée en 1851 au chiffre de 961,424 drachmes, le chiffre de leur importation en 1864 s'élève à 5,663,320 drachmes, dont 4,894,428 drachmes représentent la valeur des peaux brutes importées, et la valeur constatée de ces dernières en 1865 a été de 4,540,000 drachmes, tandis qu'elle s'est élevée en 1874 à 7,396,327 drachmes.

D'autre part, tandis que le chiffre de leur exportation en 1851 se bornait à 121,590 drachmes, la valeur des peaux exportées s'élevait en 1864 à 1,462,205 drachmes, dont 1,215,429 drachmes représentent la valeur des peaux façonnées. De même en 1865 le chiffre des peaux façonnées exportées se borne à 1,908,403 drachmes, tandis qu'il s'élève en 1874 à 5,216,778 drachmes.

2° L'accroissement de l'importation des étoffes, qui de 7,500,000 drachmes environ a monté à 14,885,000, et de 17,347,000 à 20,530,000 pendant les deux périodes ci-dessus, quoiqu'il soit à un certain point de vue le résultat direct de l'accroissement de la population, indique néanmoins et à plus forte raison encore la progression constante de la situation économique des habitants, qui leur permet des sacrifices plus élevés pour un des premiers besoins, et qui prouve incontestablement des ressources plus abondantes.

3° De même le tableau comparatif de l'importation et de l'exportation de la plupart des autres produits, et la valeur de l'importation et de l'exportation de tous ces produits, et par contre la décroissance de l'importation de quelques-uns et l'accroissement de l'exportation de ceux-ci ou de certains autres, temoignent le développement des forces productives du pays et son progrès économique ascendant.

MARINE MARCHANDE

Quoique sur le nombre de nos vaisseaux de commerce avant l'époque de 1821, ou même pendant cette époque, nous n'ayons pas de renseignements précis et incontestables, cependant il résulte de documents officiels que, antérieurement à cette époque, on ne comptait que 449 vaiseaux, d'une contenance de 52,000 tonnes, dont la plupart, sinon tous, ont servi dans la Lutte et ont péri dans ces longues catastrophes de sept ans.

Après l'établissement du Royaume, les plus anciennes informations que nous ayons se rapportent à l'année 1834, époque où pour la première fois furent institués les commandements de ports, qui cependant ne comprennent point encore le nombre de tonnes des vaisseaux.

Nous nous bornons donc à noter simplement les renseignements sur le nombre de nos vaisseaux à cette époque et à classer les renseignements de l'année 1838, dans lesquels sont indiqués le nombre et les jaugeages des vaisseaux de cette époque, mais sans distinction de classe. Nous ajoutons des renssignements complets à partir de l'année 1853.

Années	1ère Classe		2ème Classe		Total	
	nombre	tonneaux	nombre	tonneaux	nombre	tonneaux
1834	2,060	—	685	—	2,745	—
1838	—	—	—	—	3,269	89,502
1853	2,855	19,696	1,375	227,965	4,230	247,661
1864	3,297	37,356	1,230	242,836	4,523	280,342
1865	4,300	45,481	1,413	281,059	5,744	326,690
1874	4,097	42,877	1,085	199,367	5,202	250,077

De la comparaison de ces chiffres il ressort que la marine hellénique, qui comptait, en 1834, 2,745 vaisseaux, ou en 1838, 3,269 vaisseaux d'un jaugeage de 82,502 tonnes,— comptait, en 1865, 4,230 vaisseaux de 247,661 tonnes, et l'année 1874, 5,202 vaisseaux d'une contenance de 250,077 tonnes, servis par 25,838 hommes.

SOCIÉTÉS ANONYMES ET BANQUES

Depuis la constitution du royaume hellénique il s'est établi, dans les principaux centres du commerce hellénique, différentes sociétés anonymes. La plupart des sociétés qui se formèrent d'abord, fondées en faveur de la navigation, avaient pour but principal l'assurance contre les risques de mer. La première compagnie de ce genre fut fondée en 1836. Depuis lors furent créées à différentes époques jusqu'à ce jour 144 sociétés anonymes.

Sur ces sociétés 58 ont été fondées jusqu'à l'année 1868, et les 86 autres à partir de cette même année jusqu'à ce jour.

Des toutes ces sociétés il ne reste aujourd'hui que 50, et les autres ont succombé sous le poids des pertes et des calamités, on de l'incapacité avec laquelle, surtout après ces dernières années, la plupart d'entre elles ont été établies.

Sur les sociétés actuellement existantes, sous le rapport de leurs travaux on en compte 10 d'assurance contre les risques de la mer et du feu, dont quelques-unes fonctionnent aussi pour les prêts maritimes ; 16 industrielles ; 18 métallurgiques ; 5 Banques de crédit, dont deux de circulation de billets de banque, et une Banque purement navale. Toutes les Sociétés ensemble comprennent un capital social en actions de 134,186,000 drachmes, dont il a été versé 74,031,000 drachmes, soit ;

10 d'assurance...	Capital nominal	25,500,000	Versé	6,558,000
16 industrielles...	»	10,866,000	»	6,814,000
18 métallurgiques.	»	30,876,000	»	22,978,000
5 banq. de crédit.	»	66,944,000	»	37,684,000
		134,186,000		74.031,000

L'existence de toutes ces sociétés affirme la vitalité des forces réelles du pays et le progrès ascendant de la Grèce, et ce fait est affirmé plus manifestement encore par les travaux de la Banque Nationale de la Grèce.

Cette Banque, fondée en 1842 par un capital en actions de 5,000,000 de drachmes, possède aujourd'hui un capital en actions de 18,000,000 de drachmes. Tandis que l'année d'après son établissement (1843) le chiffre le plus élevé de la circulation de ses billets de banque montait seulement à 364,000 drachmes, celui de ses escomptes à 2,615,000 drachmes, et celui des avances à 181,000 drachmes, en 1877 le chiffre le plus élevé de la circulation des billets de banque est arrivé 43,663,000 drachmes, celui des escomptes à 113,862,000 drachmes, et celui des avances au commerce à 32,795,000 drachmes. Et son dividende annuel, de drachmes 83 et 43 % en 1846, s'est élevé en 1875 à drachmes 235 et 30 % par action.

FINANCES

Les revenus du royaume hellénique, d'après le budget de l'année 1877, montent à 39,247,500 drachmes, répartis comme il suit:

Impôts directs	11,605,000
» indirects	18,155,000
Etablissements publics	1,155,000
Institutions et propriétés publiques	2,580,000
Vente des biens nationaux	3,000,000
Recettes diverses	956,500
Revenus ecclésiastiques	296,000
Recettes d'exercices clos	1,500,000

A l'époque de l'établissement de la première royauté, la totalité des revenus publics ordinaires (non compris le revenu provenant des emprunts) se composait de 7,950,383 drachmes; en 1860 ce total s'éleva à 24,264,205 dr., mais après la révolution d'Octobre il fut réduit en 1863 à 16,886,269 drachmes; en 1864 il monta à 22,149,294 drachmes, et en 1865, époque depuis laquelle sont compris les revenus des Sept-Iles, les revenus du royaume hellénique ont été évalués à 27,295,947 drachmes.

Nous donnons ici l'état des revenus publics depuis 1833 par période décennale jusqu'à 1860, et depuis 1865 jusqu'à ce jour.

1833	7,950,383	1865	27,295,947
1842	14,076,337	1874	40,326,575
1852	14,519,101	1877	39,247,500
1860	24,264,205		

Les dépenses actuelles, d'après le budget de 1877, montent à 41,067,825 drachmes, réparties comme il suit :

Dette publique extérieure	1,246,000
» intérieure	7,287,749
Pensions	3,818,800
Liste civile du Roi	1,125,000
Dépenses de la Chambre	450,000
Service des Ministères	22,163,014
Dépenses d'administration et de régie	2,773,262
Divers payements	2,204,000
	41,067,825

Pendant l'année 1833, les dépenses ordinaires du Royaume (non compris les payements de 1,977,254 drachmes pour la dette extérieure) ont été évaluées à 12,982,693 drachmes; l'année 1860 elles ont monté à 22,189,258 (non compris les payements de 3,885,234 drachmes pour la dette extérieure). En 1864 les dépenses ordinaires étaient de 23,379,057 dr., et les payements pour les dettes extérieures de 4,957,392 drachmes.

Depuis l'année 1865, qui comprend aussi les dépenses des Sept-Iles, les dépenses réalisées pendant l'exercice de cette année ont monté à 27,811,655 drachmes.

Nous donnons également pour les dépenses les chiffres ci-dessous correspondant aux époques que nous avons marquées plus haut pour les revenus :

1833	12,982,693	1865	27,811,655
1842	13,685,230	1874	51,226,970
1852	14,519,101	1877	41,067,825
1860	22,189,258		

De la comparaison des chiffres ci-dessus des recettes et des dépenses annuelles, il résulte que dans l'espace de 27 ans compris entre 1833 et 1850 les recettes ont augmenté de 16,314,822 drachmes, soit de 67,23 pour 100, et les dépenses de 9,206,565 drachmes, soit de 41,49 pour 100. Et dans la période décennale de 1865 à 1874 les recettes ont augmenté de 11,533,853 drachmes, soit de 29,83 pour 100, et les dépenses de 11,914,315 drachmes, soit de 30,05 pour 100.

SECONDE PARTIE

CATALOGUE DES EXPOSANTS

CATALOGUE

DES EXPOSANTS DE LA GRÈCE

GROUPE I.

Oeuvres d'Art.

1 1 **N. Lytras.**

Peintures à l'huile sur toile :

La jeune fille enlevée. — L'orpheline. — Le baiser. — Le Brulotier Canaris. — La veille de la nouvelle année. — La cuisine. La jeune fille orpheline.

2 2 **N. Gyzis.**

Peintures à l'huile sur toile :

Fiançailles en Grèce. — Tête d'Arabe. — L'art jouant.

3 3 **J. Altamura.**

Peinture à l'huile sur toile :

Combat naval de l'amiral Miaoulis contre deux frégates ottomanes à l'entrée de Patras.

4 4 **A. Oeconomos.**

Peintures à l'huile sur toile :

Petite fille à la fenêtre. — Figure.

5 5 **P. D. Pantazis.**

Peintures à l'huile.

A° Figures au nombre de 4 :

Cruelle nécessité ! — Nature morte. — Larcin. — Préméditation.

B° Marines au nombre de 3:

Le cheval de Nieuport. — Les dunes de Blankemberg. — Les brouillards des mers du Nord.

C° Paysages, au nombre de 5:

Sous les pommiers. — Rochers. — Chemin dans les montagnes. — Avril [environs d'Anseremme]. — Mai [vue d'Anseremme].

6 6 **Ch. Pachys.**

Peintures à l'huile:

Samuel et les cinq à Coungi de Souli [scènes du poème de A. Balaoritis]. — Site de Corfou. — Paysage de Corfou « La pleine lune de Mars. » — Le coucher du soleil à Corfou.

7 7 **D. Falieros.**

« Le panorama d'Athènes » [aquarelle].

8 8 **A. Collas.**

Peintures sur ivoire.

9 9 **J. Callona.**

Peintures de l'école Crétoise, style Byzantin:

Le Crédo. — Le Crédo. — De la Nativité jusqu'à la Résurrection de notre Seigneur J.— C.

10 10 **L. Gallassi.**

Dessins en encre.

Le temple de Vesta. — Le Forum de Rome.

11 11 **Sp. Patrikios.**

2 dessins à l'imitation de la pierre granite:

Lutter pour la patrie est le sort le plus digne d'envie. — La Grèce en deuil sur le tombe de Capodistrias.

12 12 **F. Ajus.**

Dessin « Saint Philippe. »

13 13 **S. Diassis.**

Dessin « La jeune fille. »

14 **14 L. Drossis.**

Oeuvres de sculpture, savoir :

Fronton de l'Academie Sina à Athènes. — Monument Varvaki. — La Méditation, buste en marbre. — La Grèce, buste en marbre. — L'histoire, en marbre. — Pénelope assise, en marbre. — Deux médaillons de nature, en plâtre. — Divers petits modèles.

15 **15 D. Philipotis.**

Oeuvres de sculpture :

Le pêcheur, en marbre. — Le moissonneur, en marbre.

16 **16 Chalepas.**

Oeuvres de sculpture :

Satyre, en marbre.

17 **17 G. Vroutos.**

Oeuvres de sculpture :

L'esprit de Copernic, en marbre. — Fronton des luttes Olympiques, en marbre. — Achille, buste en marbre. — Pâris, buste Canaris. — L'Aurore. — La Nuit.

18 **18 P. Zanoni** :

4 ornements, imitation de mosaïque.

19 **19 G. Callos.**

Travail sur le marbre de l'île de Corfou :

L'Olympe.

20 **20 La direction des Travaux publics au Ministère de l'Intérieur** :

Plans du Palais de Justice en construction à Athènes.

Plans du Palais de la Chambre des Députés.

Plans de la Caserne de la Cavalerie à Athènes.

Plans de la maison de correction qui sera construite sur l'île de Vido, à Corfou.

21 **21 Commune d'Hermopolis** :

Plan de l'établissement en construction aux frais de la Commune, par l'architecte E. Zyller.

22 22 **E. Zyller.**

Plan d'une maison en construction à Athènes.

23 23 **Commune de Corfou** :

4 Plans de restauration du Théâtre Communal de Corfou, par l'architecte J. Chronis.

24 24 **A. Collas** :

« Sainte Lucie » gravure (chalcographie).

25 25 **A. Pallis** :

Oeuvres de chalcographie et de gravures de cachets.

26 26 **S. Loupis** :

Spécimens de lithographie.

GROUPE II.

Éducation et Enseignement. — Matériel et procédés des arts libéraux.

27 1 **Société** *(Hétairie)* **Philecpédeftique** :

Plan et Organisation de l'Ecole d'Asyle.

28 2 **Syllogue pour la propagation des lettres grecques**:

Plan de l'école élémentaire modèle, entretenue par le Syllogue à Athènes.—Son organisation.—Livres pédagogiques.

29 3 **Parthenagogion** (*Institution de jeunes filles*) **Arsakion** :

Plan de l'établissement. — Travaux à l'aiguille. — Livres d'enseignement.

30 4 **Orphelinat de jeunes filles**:

Plan de l'établissement. — Organisation. — Ouvrages des élèves.

31 5 **Lycée privé de garçons, P. Antoniadès**:

Organisation. Ouvrages des élèves :

Morceaux de calligraphie. — Divers spécimens d'écriture.

32 6 **Lycée privé des frères Oeconomos,** à Corfou.

Ouvrages des élèves :

Jésus-Christ, œuvre de D. Paraskevopoulos.
La citadelle de Corfou, œuvre de C. J. Kotsi.
Saint Joseph, œuvre de Spyridon D. Damyri.

33 7 **Lycée privé de L. Vlachos,** à Corfou.

Ouvrages des élèves :

Dessin représentant la tète de Thomazée, œuvre de G. Kapsomanikis.

Dessin représentant un corps nu, œuvre de S. Athanassiades.

Inscription sur Canaris, œuvre de G. Kapsomanikis.

34 8 **Orphelinat Hadzi Costa,** à Athènes :

Plan de l'établissement.—Organisation.—Ouvrages des élèves.

35 9 **Ecole Polytechnique,** à Athènes.

Plan des établissements.—Ouvrages des élèves :

Jeune paysanne de l'Attique, Etude d'après nature, peinture à l'huile, œuvre de l'élève Jacovidès.

Jeune fille portant une corbeille vide, Esquisse au fusain, Etude d'aprés nature, Jacovidès.

Jeune homme tenant une cruche, Etude sur le nu, peinture à l'huile, Jacovidès.

Petit garçon, à mi-corps, Etude sur le nu, peinture à l'huile, Oeuvre de l'élève Panorios.

Figure de jeune hommes, peinture a l'huile, œuvre de Jacovidès.

6—7 Xylographie, et le dessin au crayon, d'après une peinture à l'huile. — Gravure sur cuivre, tête d'après nature.— Oeuvre de l'élève Ferbos.

8 Dessin d'architecture et sa décoration. Oeuvre de l'élève d'architecture Petrokokinos.

9 Machine à tailler les fraises des formes. Ouvrages des élèves de l'atelier de l'Ecole.

— L'établissement de cette Ecole, qui a été fondé par les libéralités de généreux enfants de la Grèce, constitue un des édifices les plus grandioses d'Athènes.

36 10 **G. Vroutos** :

Ouvrages de ses élèves.

Sotirius Menglis, Niobé, buste en marbre. — L'Amour, petit bas-relief en marbre. — Psyché, petit bas-relief en marbre.
Georges Skardiakos, Minerve, buste en marbre.

37 11 **P. Buas,** à Corfou :

Livres à l'usage des Institutions.

38 12 **Sp. Zervos,** à Corfou :

Modèle d'orthographie de la langue grecque.

39 13 **J. Nacamullis,** à Corfou :

Livres à l'usages de Ecoles.

40 14 **Syllogue pour la propagation des lettres grecques** :

Tableaux géographiques édités par lui en grec, sur la base des tableaux de l'Allemand Kiépert.

41 15 **Commission Centrale** :

Collection d'Atlas à l'usage des Ecoles.

42 16 **D. Manzaros** :

Les compositions musicales inedites du Chev. Nicolas Manzaros (10 livres).

43 17 **D. Rodotheatos**:

Oitona, melodrama (2 livres), et 7 compositions musicales.

44 18 **L. Albanas** :

Quatre mélodies grecques et 5 compositions musicales.

45 19 **Prêtre Marc Armenis** :

Chant Ecclesiastique, avec des notes de musique ecclésiastique européenne en usage juxta-posées.

46 20 **Sp. Xyndas** :

Compositions musicales.

47 21 **E. Lambelet** :

Compositions musicales.

48 22 **E. Martinellis** :

Six compositions musicales.

49 23 **Commission Centrale** :

Recueil de morceaux de musique grecque.

50 24 **Sp. Samaras** :

Compositions musicales.

51 25 **Université Nationale** :

Organisation. — Ouvrages des Professeurs. — Plan de l'Université. — Plans de l'Académie Sina.

52 26 **Association Archéologique,** à Athènes :

Recueil de publications et exposés annuels.

53 27 **Syllogue Philologique «Le Parnasse»** :

Recueil d'exposés annuels et d'autres publications.

54 28 **Typographie de A. Coromila.**

Divers spécimens typographiques et tablettes de stéréotypie, savoir :

Recueil de livres d'enseignement. —Scientifiques.— Plaques de stéréotypie (Tablettes).

— Cette imprimerie est le plus ancienne de toutes celles qui existent actuellement en Grèce, et la plus importante de toutes par l'étendue de ses affaires, qui spécialement et surtout roulent sur l'impression des livres d'enseignement dont s'approvisionne la plus grande partie de l'Orient. Elle occupe chaque jour environ 40 ouvriers, et public annuellement plus de 30 livres, et depuis sa fondation plus de 1000 didactiques et scientifiques et en millions d'exemplaires.

Elle a 8 presse, atelier de stéréotypie installé depuis 1844, une fonderie, atelier de reliure.

55 **29 Typographie des frères Vlastos,** à Athènes.

Divers spécimens typographiques, savoir :

Livres d'enseignement publiés depuis 1867 - 1877. — Livres exposés pour leur impression soignée. — Livres de stéréotypie et autres spécimens de stéréotypie. — Catalogue des livres publiés.

— L'imprimerie de Vlastos, créée en 1843, et qui depuis l'année 1870 s'est enrichie d'une stéréotypie, s'occupe spécialement de l'impression des livres d'énseignement. Elle a 3 grandes presses, une presse de grande vitesse et des machines de stéréotype, ainsi qu'un atelier de reliure. Elle occupe continuellement, en moyenne, de 25 à 30 ouvriers.

Les livres que cette imprimerie expose sont exposés :

1° Comme série de livres enseignement édités depuis 1867 jusqu'à 1877.

2° Comme livres imprimés soigneusement.

3° Comme ouvrages de stéréotypie, exposés également comme œuvres soignées de typographie.

56 **30 Typographie de la «Philocalia»** *(du bon goût) de A. Damaskinos :*

Divers spécimens typographiques.

57 **31 Typographie de J. Nacamoulis,** à Corfou :

Divers spécimens typographiques.

58 **32 Commission Centrale** :

Recueil d'ouvrages périodiques, publiés en Grèce. — Catoloque des livres édités depuis l'année 1867-1877.

— Le nombre des livres édités depuis l'année 1867 jusqu'à l'année 1877, est évalué à 1,200 environ.

59 **33 P. Pentefris** :

Spécimens de registes de comptabilité. — Collection d'ouvrage de reliure.

— Cette atelier de reliure est regardé comme le plus eomplètement et le mieux installé de tous les atelier sde la Grèce.

60 34 **A. Faroungias**, à Corfou :

Ouvrage de reliure : Album avec 24 paysages en photographie.

61 35 **Fabrique de papier de Varuxaki** :

Spécimens de papier commun.

— Cette Usine, établie en 1877 au Pirée, a commencé ses travaux il y a quelques mois seulement. — La valeur des bâtiments et des machines est évaluée à 600,000 francs. Elle est mue par une machine à vapeur de la force de 75 chevaux, et elle occupe environ 60 ouvriers. La valeur des produits qu'elle a livrés jusqu'à ce jour s'élève au chiffre de 300,000 fr.

62 36 **G. Moustakoulas**, à Corfou :

Pinceaux à badigeonner et à colorier.

63 37 **F. Ferraris**, à Corfou :

Flaçons d'encre violette et rouge de copie, sans substances corrosives.

64 38 **C. Polychronopulos** :

Collection de photographies diverses, représentant divers costumes de la Grèce.

65 39 **Th. Panagopulos** :

Collection de portaits photographiques.

66 40 **Les frères Romaïdès** :

Collection de photographies des antiquités d'Olympie, 46, de Mycènes, 69, de Spata, 10. — Autres ouvrages photographiques.

67 41 **G. Moraïtis** :

Collection de photographies.

68 42 **A. Collas** :

Spécimens de photographie :

Portrait photographique de grandeur naturelle. — Album avec 60 portraits photographiques. — Album avec 24 paysages. — Quatre tableaux des photographies de la ville de Corfou.

69 43 **B. Borris,** à Corfou :

Collection de photographies.

70 44 **G. A. Marcopulos** :

Collection d'instruments de musique du pays.

71 45 **J. Stathopulos:**

Collection d'instruments de musique du pays, savoir :
Mandoline. — Violon. — Guitare.

— Les instruments de musique exposés par les deux exposants ci-dessus désignés sont tous fabriqués avec des bois du pays. Les deux établissements fabriquent annuellement plus de 150 instruments de musique des modèles exposés, qui se débitent à l'intérieur, et à l'étranger, en Turquie.

72 46 **A. Montaldos:**

Trompette en cuivre.

73 47 **Commission Centrale** :

Plans des hôpitaux d'Athènes, du Pirée, de Syra et de Corfou.—Plan d'un dépôt de mendicité, à Athènes.— Plan de l'hospice d'aliénés à Corfou.

74 48 **N. Priphtis** :

Appareil pour la cure de la matrice.

75 49 **A. Montaldos**:

Balance (Exactitude parfaite).

76 50 **G. Vacalopulos** :

Cartes géographiques.

GROUPE III.

Mobilier et accessoires.

77 1 **A. Tzanetos,** Pirée :

Collection de chaises de paille.

— Cette maison, fondée au Pirée en 1868, est la plus importante fabrique de chaises du pays. Elle fait des siéges de paille de toute espêce, et elle en exporte une quantité considérable pour la Turquie. Le prix de ces chaises varie entre 44 et 135 francs la douzaine.

78 2 **G. Caïtas,** menuisier et **V. Infantes,** fabricants de meubles.

Canapé. — Fauteuils.

79 3 **V. Infantes,** fabricant de meubles :

Chaises.

80 4 **P. Mifsud** :

Toilette avec marbre et miroir.

81 4 **F. Guisi,** œuvres de *George Caïtas* :

Un chandelier en noyer. — Une paire de chandeliers en olivier. — Une vase à tabac en olivier.

82 6 **G. Rizou** :

Corniche d'ébénisterie. — Chaises. — Tabourets.

83 7 **Sp. Hadzigianopulos** :

Tableaux religieux à l'huile.

84 8 **J. Platys** :

Sculpture sur bois. — Tableaux ecclésiastiques.

85 9 **G. Andronikos** :

Sculpture sur bois. — Tableaux ecclésiastiques.

— La sculpture sur bois de tableaux religieux, qui s'est transmise par tradition chez les moines, s'en va peu à peu, et n'est plus exercée que par fort peu d'artistes. — Dans l'Ecole Polytechnique d'Athènes il y a une chaire spéciale de sculpture sur bois, établie depuis quelques années.

86 10 **Fabrique de verrerie,** au Pirée :

Collection d'articles de verrerie commune.

— Cette verrerie a été fondée en 1872, et elle fabrique des bouteilles communes et d'autres produits d'usage domestique. Mais depuis quelque temps elle a interrompu ses travaux.

87 11 **P. Marcotsis** :

Miroirs.

88 12 **C. Rosantis** :

Tuiles mosaïques.

89 13 **D. Sarris** : Collection de produits de céramique.
90 14 **B. Anetakis** » » »
91 15 **Et. Mbouritis** » » »

— L'industrie céramique a pris depuis quelques années un grand développement en Grèce. En outre des établissements des exposants ci-dessus désignés, il y a encore d'autres fabriques de vases à Athènes, à Corfou, à Zante et dans d'autres villes. Dans quelques îles, et particulièrement dans les Cyclades, cette industrie répond et suffit à tous les besoins du ménage.

92 16 **A. Mourouchis** :

Tuiles et briques, à Corfou.

93 17 **Cyrus de Monacos** :

Collection de produits de céramique.

94 18 **Fabrique de Cartes à jouer «L'espérance»** par *Lantzas* et *Aspiottis*, à Corfou :

Spécimens divers de cartes à jouer à l'usage de l'Orient.

95 19 **V. Varcas** :

Couteaux.

96 20 **D. Collyvas** :

Couteaux divers.

97 21 **Ch. Spiliopulos** :

Divers articles en argent d'orfèvrerie domestique.

98 22 **Ant. Montaldos** :

Collection de bronzes d'art et de fontes d'art diverses.

99 **23 Ch. Nicolaïvitz** :

Pendule électrique chronomètre de son invention.

— Le mérite du constructeur consiste surtout dans ct qu'il a imaginé une disposition plus simple que toute autre connue jusqu'ici, et employé une pile de trois éléments n'exigeant presque pas d'entretien.

Toutes les piéces de cette horloge ont été fabriquées à Athènes par l'exposant.

100 **23 A. Montaldos** :

Lampes diverses en bronze.

101 **24 Fabrique d'Allumettes par Lantzas et Aspiottis** :

Spécimens divers d'Allumettes.

102 **25 J. S. Zoulas,** à Corfou :

Savons parfumés. — Huiles parfumées. — Essences volatiles. — Vinaigres.

103 **26 Etablissement de Michel Palmoutzos,** à Syra :

Eaux parfumées ou aromatiques.

104 **27 D. Thomas** :

Essence de cédrats par distillation.

105 **28 C. Cryssangios** :

Huile volatile.

106 **29 G. Mustacoulas** :

Brosses diverses.

106 **30 C. Polychronopulos** :

Collection des différents ouvrages de relief en bois.

GROUPE IV.

Tissus. Vêtéments et accessoires.

— L'industrie de la filature de coton a pris depuis quelques années un très grand dévcleppement en Grèce. Aujourd'hui il existe en tout 18 filatures, dont 12 sont mues par la vapeur, représentant ensemble une force de 412 chevaux, et comprenant 31,636 broches et 6 par l'eau, représentant une force de 64 chevaux et comprenant 4,264 broches.

107 1 **Filature frères Volonaki**, au Pirée:
Collection de fils de coton.

— Tous les fils exposés ont été fabriqués avec le coton de Livadie de la récolte de 1877, qui a souffert considérablement des pluies, et à l'appui on expose aussi plusieurs petits échantillons du coton récolté l'année précédente. Ces échantillons sont particulièrement recommandés à l'examen et à l'appréciation de M. M. les Membres du Jury de cette Classe. La filature a été établie en 1868. La valeur totale des bâtiments et des machines s'élève à 760,000 francs. Cette filature produit annuellement des fils d'une valeur de 1,000,000 francs. Sa machine a une force de 100 chevaux, elle possède 8,000 broches, et elle occupe en tout 170 ouvriers.

108 2 **Filature frères Retsina**, au Pirée:
Collection de fils de coton.

— Elle a été établie en 1873. La valeur des bâtiments et des machines s'élève à 1,000,000 de francs, et elle produit annuellement du fils d'une valeur de 1,500,000 francs environ. La machine a une force de 210 chevaux elle possède 10,000 broches, et elle occupe en tout 320 ouvriers. Le même établisemant fabrique aussi des fils de couleur. Les deux tiers des fils qu'elle produit se consomment dans l'intérieur de la Grèce, et l'autre tiers en Turquie.

109 3 **Filature de G. S. Varouxaki**, au Pirée:
Collection de fils de coton blancs et de couleur.

— Cette filature a été établie en 1873. Sa valeur est évaluée à 700,000 fracs. Elle fabrique annuellement pour 800,000 francs de fils. Sa machine a une force de 75 chevaux, et elle renferme 4,800 broches. Dans le même établissement on teint en couleur les fils qu'il produit.

110 4 **Filature de K. Ligynos,** au Pirée:
Collection de fils de coton.

— Cette filature a été établie en 1872. Sa valeur totale avec celle des machines s'élève à 300,000 francs. Elle possède une machine de la force de 30 chevaux et 2,800 broches.. Le montant de ses produits annuels est évalué à 640,000 francs.

111 5 **Filature des frères Agathoclès,** à Stylide:
Collection de fils.

112 6 **Filature de G. Konkou et Triandi,** à Patras:
Collection de fils.

— Cette filature a été établie à Patras en 1872. Sa valeur totale avec celle des machines monte à 350,000 francs. La force de ses machines est de 25 chevaux, et elle possède 2,000 broches.

113 7 **Filature de C. Dimopulos,** à Levadie:
Collection de fils.

— Cette filature est mue par l'eau. Elle possède une machine de la force de 8 chevaux, et 780 broches.

114 8 **Filature hydraulique de N. Kalogeropulo et N. Euripée,** à Lévadie:
Collection de fils.

— Cette filature a été établie en 1870; elle est mue par l'ean, et possède 720 broches.

115 9 **Ouvroir du Syllogue des Dames pour les filles pauvres**:
Collection de tissus de coton.

— Dans cet Ouvroir, établi par l'initiative de dames charitables d'Athènes, environ 200 jeunes filles sont occupées à des travaux de couture, de tissage de coton, d'étoffes de laine et de soie. Elle a obtenu à l'Exposition universelle de Vienne la diplôme d'honneur.

116 10 **Manufacture de Stamopulos** et **Tatsi**, au Pirée:
Collection de toiles :

— Cette manufactare a été établie en 1875. Sa valeur s'élève à 750,000 francs. Sa machine a une force de 62 chevaux, elle possède 7,800 broches et 158 métiers. Les toiles qu'elle produit se consomment dans l'intérieur du royaume, et leur prix est de 12 à 20 drachmes la pièce.

— Les tissus, des Exposants qui suivent ainsi que tous les tissus de coton, de laine et de soie, sont des produits et l'industrie à domicile, à laquelle sont occupées en majeure partie des femmes et des jeunes filles, qui ne fabriquent et ne livrent au commerce que sur commande les tissus dont il s'agit. La seule exception à cette règle, c'est-à-dire à la fabrication sans commande antérieure, a lieu aux l'époques des foires locales dans les districts où ces industries s'exercent; a lors ces tissus sont fabriqués même sans commande, et sont mis en vente dans ces foires.

117 11 **Commune de Mégare**:
Toile croisée.

118 12 **C. Cokorias** :
Trois pièces de toile pour voiles.

119 13 **Elie Karamertzanis**:
Étoffes de coton, serviette, et draps de lit faits à domicile au Village Dadi de Locride.

120 14 **Commission Centrale**:
Tissus de coton de Missolonghi.

121 15 **Zoé George** :
Tissu de coton.

122 16 **Hélène G. Asteri** :
Tissu de coton, de Karystos.

123 **17 Marie Papadopulos**:

Collection de tissus de coton communs, coloriés, de Skopelos.

124 **18 N. Diamandopulos** d'Argos et **Commune d'Argos**:

Collection de tissus de coton.

125 **19 Commune de Myconos**:

Tissus de coton de deux espèces. — Ceintures de coton.

126 **20 Marie Tsabouniari**, de Karystos:

Tissu de coton.

127 **21 Collection de différents ouvrages** *tricotés de filaments d'immortelles [Agave Américaine], faits à domicile, à Céphalonie, par les Exposantes suivantes:*

— Cette industrie n'existe qu'à Céphalonie, est faite à domicile, toujours sur commande, et s'exerce par des jeunes filles de la bourgeoisie.

Artémise et Irène D. Métaxa Angouria
Kalomira, Aphrodite et Stamatula A. Métaxa Botzaris.
Hélène S. Inglessi.
Thècle N. Courkumelli.
Mariettine S. Inglessi.
Catherine de Géraume Métaxa Stravolémi.
Hélène de Stad. Métaxa Stravolémi.
Tassoula d'Hélie Manginas.
Cassandre George Métaxa Lascarato.
Annétte Géraume Métaxa Lascarato.
Hélène Géraume Métaxa Lascarato.
Zoïtza George Antypa.
Jeanne Evangélis Canaki.
Jeanne Th. Métaxa Tricardo.
Minerve Grég. Potamiano.
Anastasie Grég. Potamiano.

Cathérine André Mangina.
Victoire Nicola Métaxa Lascarato.
Maria Géraume Nicoloviéni.
Jeanne Argyri Inglessi.
Hélène et Cathérine Demetrius Lasoarato.
Hélène Panagi Métaxa Zivou.
Anastasie Céraume Inglessi.
Marie Géraume Métaxa Lascarato.
Pénélope Potamiano.
Angélique Panagi Coletti.
Polyxène Marine Camilato.
Marie Zaphyris Mila.
Spyridoula Ulisse Métaxa Zivou.
Hélène Monopoli.

128 22 **P. Sakellarios** :
Collection de laines d'Athènes naturelles lavées et coloriées.

129 23 **Commune d'Orchomène** :
Laines.

130 24 **Commune d'Hypate** :
Laines.

131 25 **Commune d'Erinées** :
Laines non nettoyées et nettoyées.

132 26 **Commune de Calavryta** :
Laines lavées non peignées.

133 27 **N. De-Kigala** :
Laines lavées, de Santorin.

134 28 **Commune de Polyctori** :
Laines d'Ithaque.

135 29 **G. Varukas** :
Laines non lavées de Naxos.

136 30 **P. Sakellarios** :
Tapis.

137 31 **M. Xiradena** :
Tapis et couvertures de laine [2+2]

138 32 **A. Kranidiotou**:
Tapis de Mégare [3]

139 33 **Commission de Thèbes**:
Fils de laine, blancs, bleus, rouges.
Tapis commun (couverture des villageois).

140 34 **S. Steludi** :
Tapis de Locride.

141 35 **M. Gourioti** :
Tapis de Locride.

142 36 **G. Abramiadi** :
Tapis de Locride.

143 37 **C. Abramiadi, C. N. Photi, A. Nicola**:
Tissu de laine blanche.

144 38 **M. Pappadopulos** :
Tapis de Scopelos.

145 39 **Commune de Lampia** :
Tissus de laine.

146 40 **A. D. Siani** :
Tapis d'Argos [2]

147 41 **C. Nicolopulou** :
Tapis de Tripolis [2]

148 42 **P. Lambropulou** :
Tapis de Tripoli.

149 43 **A. C. Nicolopulos** :
Tapis de Tripoli.

150 44 **S. Angelopoulo** :
Tapis de Tripoli.

151 45 **D. Pappageorges** :
Tapis de Sparte [2]

152 46 **A. Rigopulos** :
Tapis de Sparte.

153 47 **Ch. Xenias** :
Tapis de Locride [2]

154 48 **Commune de Myconos** :
Couvertures de laine coloriée. — Calottes.

155 49 **Ouvroir pour les filles pauvres du Syllogue des Dames,** à Athènes : [V. N° 115]
Tissus de laine et tapis [15].

156 50 **Anna J. Grammaticou,** Tripolis :
Tapis.

157 51 **P. Alexandrides** :
Tapis.

158 52 **Commune d'Amphissa** :
Tapis.

159 53 **Filerie de cocons de Fels et Cie,** à Calamata :
Collection de soie.

— Il y a en Grèce 10 usines des filatures, la plus importante et celle de Fels et Cie fondé à Calamata en 1859 et ayant 76 bassines et volets, chauffées par une chaudière de la force de 26 chevaux, et mis en mouvemenat nn moteur de la force de 3 chevaux, occupe 145 fileuses et autres ouvrières. La production annuelle consiste à

kilogr. 4,200 de soie Grège 9/11 d. 11/13
» 1,100 » » finne et doupions
» 1,800 frisons
» 3,800 bassinets.

160 54 **Filerie de cocons de Stavrianopulos** et **A. Catzopulos,** Sparte :
Collection de soie.

161 55 **Filerie de cocons de C. Kyriazopulos,** à Sparte :
Collection de soie.

162 56 **Commission Centrale :**
Collection de soie.

— La collection ci-dessus provient de Calamas et de la récolte de l'année 1877. La production de cette année a été évaluée à environ 10,000 kilogrammes, et à 20 p. % au-dessus de l'année précédente. La majeure partie des ces produits provient de la province de Calamas. La valeur de la production entière a été évaluée à environ 1,300,000 francs.

163 57 **Ouvroir pour les filles pauvres du Syllogue des Dames :** [V. No 115 et 155]
Divers tissus de soie. — Ouvrages des élèves.

164 58 **B. Svolopulos :**
Divers espèces de soie.

59 **A. Constantopulos,** à Athènes :
Divers espèces de soie et de coton :

165 60 **Spilopulo :**
Divers espèces de soie :

166 61 **A. Tripakéa,** à Athènes :
Différents tissus de soie.

167 62 **St. Giourgou :**
Divers tissus de soie.

168 63 **Sp. Carastamati**, Scopelos:
Divers tissus de soie.

169 64 **M. Politou**, Nauplie:
Tissus de soie.

170 65 **B. Polydori**, de Nauplie :
Tissu de soie:

171 66 **P. A. Kokkinaki**, Tripolis :
Divers tissus de soie.

172 67 **Religieuses du Monastère de Saint-Constantin**, à Calamata :
Divers tissus de soie.

— L'industrie de tissage de soie et très anciene dans ce couvent et généralement s'exerce sur commande pour le profit de la comunauté du couvent.

173 68 **E. Logiotopulou**, Karystie :
Echarpes brodées d'or.

— Les tissus de Soie de la province de Carystos se distinguent des ceux des autres provinces de la Grèce par la finencc du travail fait aussi à domicile et sur commande.

174 69 **N. Frangoulis**, de Karystos :
Divers tissus.

175 70 **Gr. Pappachristou**, de Karystos :
Tissu de soie.

176 71 **H. G. Astéri**, de Karystos :
Divers tissus de soie.

177 72 **A. St. Démétriou**, de Karystos :
Couverture de table brodée d'or. — Tissu de soie blanche.

178 73 **M. H. Psaraki**, de Karystos :
Etoffe de soie fine, blanche et jaune.

179 74 **P. C. Constantinidi,** de Karystos :
Tissus de soie.

180 75 **M. Tsabuniara,** de Karystos :
Tissus de soie.

181 76 **V. Ch. Chioti,** de Karystos:
Tissu de soie.

182 77 **C. D. Stroupanioti,** de Karystos :
Tissu de soie. — Couverture de table tissée d'or.

183 78 **H. Oeconomidi,** de Karystos :
Tissus de soie. — Echarpe brodée d'or.

184 79 **R. Zacharopulo,** de Karystos :
Draps de lit de soie.

185 80 **A. Demetraki,** de Karystos :
Tissu de soie, brodée d'or.

186 81 **M. D. Asteri,** de Karystos :
Tissus de soie. — Echarpe d'or.

187 82 **M. Marino,** de Karystos :
Tissus de soie. — Echarpe de soie brodée d'or.

188 83 **A. Benardi,** de Karystos :
Tissus de soie. — Echarpe brodée d'or.

189 84 **H. Benardi,** de Karystos :
Tissus de soie.

190 85 **H. Stavropulo** :
Tissu de soie :

191 86 **M. Astracaki** :
Tissu de soie.

192 87 **M. Bogiazi** :
Tissu de soie.

193 88 **Zoè George**:
Tissu de soie.

194 89 **Commission de Thèbes**:
Tissus de soie.

195 90 **A. Skordili**:
Collection de dentelles de soie et d'or, de fil, de coton, de laine, faites à l'aiguille.

196 91 **Ouvroir des filles pauvres du Syllogue des Dames,** à Athènes: [V. N° 115, 155 et 163]
Divers ouvrages de tricot et articles de couture pour hommes, femmes et enfants.

197 92 **Marie et Helène Constantulaki,** à Hydra :
Dentelles orientales coloriées.

— Les échantillons des dentelles exposées se font dans l'île d'Hydra et se servent pour les coiffures du costume des femmes Hydriotes.

198 93 **Religieuses du Monastère de Kéchrovuni,** à Ténos :
Diverses espèces de tricot.

199 94 **P. Landerer**:
Diverses broderies.

200 95 **E. Pappastérios**, à Corfou :
Divers ouvrages à la main.

201 96 **N. J. De-Kigala,** de Thira :
Chaussettes.

202 97 **E. Balanou**, à Corfou :
Tricotage d'une paire de bas à la fois.

203 98 **A. Bouas**:
Cannes diverses de bois du pays.

204 99 **V. Varkas,** de Corfou :
Cannes diverses de bois du pays.

205 100 **Mme Fréd. Loupis,** de Corfou :
Mouchoir brodé.

206 101 **T. Talaros**, de Thèbes :
Coussins et Pantoufles brodés.

207 102 **M. Pappaconstantinou**, de Thèbes :
Blague à tabac.

208 103 **Ch. Tzandillas** :
Costume grec d'homme, brodé d'or. — Costume grec de femme, brodé d'or. — Divers petits ouvrages brodés.

209 104 **Frères Moritsi** :
Vêtements d'homme à l'Européenne.

210 105 **Commune de Mégare** :
Costume villageois riche. — Costume commun.

211 106 **C. Pulogianis,** de Thèbes :
Costume d'homme national.

212 107 **Zoïopulos et Vidalis :**
Collection de chaussures de toute espèce pour hommes et pour femmes.

— Cet établissement, qui représente une des plus importantes cordonneries d'Athènes, se distingue par l'élégance et la solidité de ses chaussures, et il occupe en moyenne jusqu'à 40 ouvriers.

213 108 **Em. Zylias** :
Collection de chaussures pour hommes et pour femmes.

214 109 **J. Chrysanthos,** de Thèbes :
Une paire de tsarouchia.

215 110 **S. P. Jean** et **Anagnostopulos**, de Syra :
Foulards de coton.

— Cette industrie est exercée tout particulièrement à Syra et par des femmes, dont le nombre est évalué à 450, dont 300 jeunes filles. La plus grande partie des foulards fabriqués est envoyée en Turquie. On estime que la production annuelle s'élève à environ 300,000 francs.

216 111 **E. Bulgaris** :
Foulards de coton.

217 112 **P. Othonéos** :
Foulards de coton.

218 113 **D. Constantulakis** :
Ceintures grecques en soie pour le costume Hydriote.

219 114 **T. Saltamakias**, de Corfou :
Chaussures.

220 115 **A. Varoukas**, de Corfou :
Costume de paysanne.

221 116 **G. Caïtas**, de Corfou :
Costume de paysan.

222 117 **G. A. Lefcaditis**, d'Athènes :
Chapeaux européens de toute espèce.

— Cet établissement, fondé il y a environ un an à Athènes, confectionne d'excellents chapeaux de toute espèce. Toutes les matières premières travaillées sont importées de l'extérieur, et surtout de la France. Il a fait jusqu'à ce jour plus de 5,000 chapeaux. Toute la consommation de ces produits s'écoule dans l'intérieur de la Grèce.

223 118 **Frères Tsaousopulos** :
Collection de calottes grecques [fez] et collection d'échantillons de laine d'étoffe servant à la fabrication du fez. Echantillons de chêne vert [πρινοκόκι]

dont ils se servent pour la colaration rouge du fez. Echantillons de chardons à foulon importés et cultivés par l'exposant.

— Cet fabrique établie, à 1850, est la plus considérable de toutes celle qui existent à Athènes. Elle occupe 25 ouvriers, et fabrique annuellement des fez pour une valeur de 100,000 fr.

224 119 **Commission Centrale** :
Costumes du pays.

225 120 **Frères Chronopulo** :
Calottes rouges et blanches.

226 121 **A. Panopulo** :
Casquettes militaires.

227 122 **C. Georgiadis** :
Casquettes militaires.

228 123 **E. Landianou** :
Chemise de soie, brodée.

229 124 **C. Polychronopulos** :
Echarpes d'orient brodées d'or et de soie.

230 125 **Ch. Spiliopulos** :
Bijoux d'or et d'argent.

231 126 **Les frères Marango** :
Bijoux d'or.

232 127 **J. Pikolis**, de Corfou :
Divers bijoux d'argent.

— L'industrie de ces bijoux s'exerce uniquement dans l'île de Corfou.

233 128 **Les frères Pandi**, de Corfou :
Bijoux d'or et d'argent.

234 129 **A. Diamantidis** :
Echantillons de colle forte fabriquée avec les rognures de peau.

235 130 **A. Varoukas**, de Corfou :
Bijoux d'or et d'argent.

236 131 **M. Spinoulas**, de Corfou :
Sacs de voyage.

237 132 **S. Dyppel**, à Athènes :
Sac de voyage.

238 133 **F. Wolf**, de Corfou :
Sacs de voyage divers. — Valises, etc.

GROUPE V.

Industries extractives, produits bruts et ouvrés.

239 1 **Commission Olympique pour les expositions nationales** :

Collection des marbres de la Grèce.

Cette collection renferme des 54 échantillons de marbres grecs d'après le catalogue détaillé.

Collection de divers minéraux de la Grèce.

Elle se compose de 72 échantillons, d'après le catalogue détaillé.

240 2 **Société des Usines de Laurium** :
Collection d'ecvolades et de scories de Laurium et de minerais divers d'après le catalogue détaillé.

241 3 **Société française des mines de Laurium** :
Collection de minerais.

242 4 **Société métallurgique hellénique** :
Minerais : De fer de Séryphos. — De lignîte de Cumes. — Plans.

243 5 **A. Cordellas** :

Collection d'antiquités. — Modèles des anciens lavoirs aux métaux de Laurium. — Roches qui constituent le sol de Laurium. — Stalactites.

244 6 **N. Nazos** :

Minérais de fer et de charbon.

245 7 **Société « Périclès »** :

Minerais de plomb.

246 8 **G. Lidorikis** :

Minerais de plomb.

247 9 **Société Olympe de Laurium** :

Minerais de plomb et de fer.

248 10 **Société « Sunium »** :

Minerais de plomb.

249 11 **Société Carystos** :

Minerais de plomb.

250 12 **Société Sériphos** :

Minerais de plomb.

251 13 **A. Cordellas** et **E. Simos** :

Minerais de plomb.

252 14 **B. Boudouris** :

Minerais de plomb, chrome et manganèse.

253 15 **E. Jannopulos** :

Minerais de manganèse.

254 16 **A. Cordellas** :

Alun.

255 17 **Commune de Thisbé** :

Sel de mer.

256 18 **E. Tombasis** :
Pierre blanche.

257 19 **Commune de Cythère** :
Sel de mer.

258 20 **Commune d' Hyréon** :
Sel de mer.

259 21 **Commune de Kiréon** :
Pierre blanche.

260 22 **V. Mélas** :
Soufre à l'état naturel. — Soufre à l'état.

261 23 **J. Damaskinos,** de Corfou :
Soufre.

262 24 **Commune de Zante** :
Gypse.

263 25 **Commune de Lithakiotès,** Zante :
Goudron minéral.

264 26 **S. Scarpas,** Corfou :
Gypse de Scannadès, à Corfou.

265 27 **Commission Centrale** :
Poix, par Jacques. Kouinland.

266 28 **S. Kouinland** :
Poix. — charbon (Coke) distillé en 6 heures. — charbon (Coke) distillé en 12 heures.

267 29 **Sp. G. Mikélétis** :
Une paire des cloches harmoniques.

268 30 **G. Callos,** de Corfou :
Echantillons de marbres du pays.

269 31 **Usine de M. Rotschild,** au Pirée :

Collection de clous et d'épingles.

— Cette Usine. Elle a été fondée en 1876. La valeur de l'établissement et des machines monte à 250,000 francs. Elle occupe 42 ouvriers. Sa production annuelle, composée de clous de toute espèce, est évaluée à 270,000 francs, et sa machine a une force de 24 chevaux.

270 32 **Fabrique de Spiliotopulos,** au Pirée :

Collection de fils de métal.

— L'*Usine de Spiliotopulos*, etablie en 1872 pour la fabrication de clous et de fil de metal de toute espèce, a reçu dernièrement de notables améliorations, pour le perfectionnement de ses produits. La valeur totale de cet établissement est évaluée à 160,000 francs. Il a une machine de la force de 20 chevaux, et donne annuellement des produits d'une valeur de 250,000 francs.

271 33 **C. Douroutis** :

Collection de vallonés des provinces de Patras, de Gythion, de Zéa et de Bonitsa, avec un exposé chimique sur les vallonés de chacune desdites provinces.

— La production entière des vallonés de la Grèce est évaluée à 260,000 quintaux. La plus grande partie de cette production est exportée, d'abord en Autriche pour les deux tiers de la totalité, et en seconde ligne en Angleterre et en Italie.

Les analyses faites sur les échantillons exposés des provinces ci dessous ont démontré que la quotité de l'acide tannique qu' ils renferment est p. °/₀ évaluée comme il suit;

Vallonés de Patras....	19,138 °/₀ —	28,5245 °/₀
» » Ghythium	27,276 °/₀ —	35, 450 °/₀
» » Céa.......	12,347 °/₀ —	25, 247 °/₀
» » Vonitsa...	18,083 °/₀ —	19, 832 °/₀

Les analyses faites sur les vallonés de la Grèce ont constaté que ce sont les coques qui contiennent le plus d'acide tannique, et que les vallonés blancs ont plus d'acide tannique que ceux de couleur foncée.

— La production totale du coton l'année 1877 s'est élevée à 5,000,000 oques. Cette quantité est consommée tout entière dans les filatures du pays. Le prix dn coton brut est évalué à 60—70 lepta l'oque.

272 34 **A. Syngros**:
Echantillons de vallonés de la commune d'Oropos.

273 35 **Commune d'Oeniades**:
Vallonés.

274 36 **Commune de Thermes**:
Vallonés qualité chamada.

275 37 **Commune de Dymé**, Patras:
Vallonés.

276 38 **N. Papajeanopulos**, de la commune de Voubrassion, Elide:
Vallonés.

277 39 **Les frères Souléani**, de Gythium:
Vallonés.

278 40 **J. Papastephanou**, de Patras:
Vallonés.

279 41 **Commune d'Amphissa**:
Ecorce de chêne vert.

280 42 **C. Galatis**, de Mégare:
Térébenthine.

281 43 **Commune d'Aeigées**, Chalcide:
Térébenthine.

282 44 **Commune Messapium**:
Térébenthine.

283 45 **Commune de Kiréon**, Chalcide:
Bois d'or.

284 46 **Commune d'Orchomène**, Mantinée :

Bois d'or. — Feuilles de mélane.

285 47 **Commune de Nauplie** :

Lentisque et feuilles de lentisque.

286 48 **S. N. Zavitsianos** :

Lentisque.

287 49 **E. Apostolidès**, *de la propriété de M. de Mimon* :

Echantillons de bois de chêne.

288 50 **Commission des Olympies pour les expositions nationales** :

Collection des bois de la flore de la Grèce, composée de 43 classes et de 109 espèces (121 pièces), formée et organisée par les soins du professeur M. Th. Orphanidès, selon sa méthode exposée à Vienne, à Florence et à Cologne.

289 51 **Commission Centrale** :

Collection d'éponges.

290 52 **Ep. Syméon**, à Hydra :

Collection d'éponges.

291 53 **Commune de Lévadie** :

Cotons en coque.

La production la plus considérable de coton a lieu dans les provinces de la Phthiotide, de la Locride, et de Lévadie. L'espèce de coton qu'on cultive est principalement le coton indigène, dans quelques provinces, et sur une superficie très limitée, on cultive aussi celui de la Nouvelle-Orléans.

292 54 **P. J. Philonos** :

Cotons décoqués. — Graine de coton.

293 55 **C. Lambropulo :**

Coton.

294 56 **Commune de Naxos :**

Coton.

295 57 **C. Mustacopulos,** d'Argos :

Coton. — Graine de coton.

296 58 **Commune d'Héraclioton :**

Coton.

297 59 **Commune Paracheloïton :**

Coton.

298 60 **Commune de Milo :**

Coton blanc et rouge avec des graines.

299 61 **Commune d'Atalante :**

Coton.

300 62 **P. Trivolis,** de Corfou :

Coton de Lefkymne. — Graine de coton.

301 63 **A. Fournari :**

Coton de Lefkymne.

302 64 **Commune de Lamie :**

Coton.

303 65 **Commune de Nauplie :**

Coton.

304 66 **Commune de Missolonghi :**

Coton.

305 67 **Commune de Polyctories :**

Graine de lin.

306 68 **Pepinière Nationale** :

Echantillons de Bœhmeria nivea [tiges et graines].

307 69 **Th. Orphanidès** :

Crocus Græcus Chapel. [olim Crocus sativus Lin.] Série des bulbes produits par semis depuis la première jusqu'à la cinquième année. Capsules, graines et stigmates, (produits net) des années 1876 et 1877.

308 70 **Filature de soie de Fels** et **C**[ie], à Kalamata :

Cocons.

— Le rendement des cocons de soie s'est élevé en 1877 à 93,500 oques, et leur prix est évalué de 3 à 18 drachmes l'oque. La plus grande partie de ce rendement, 82,500 oques, provient d'une graine unique.

309 71 **Filature de soie de Stavrianopulos** et **A. Coztopulos**, à Sparte :

Cocons blancs et jaunes.

310 72 **Frères Soulakis,** à Gythium :

Cocons.

311 73 **Commune de Nilée** :

Garance et graine de garance.

312 74 **Commune Chalcis** :

Garance.

313 75 **J. Catsaros**:

Garance d'Athènes:

314 76 **Commune d'Hestiée,** Xirochori :

Sésame.

315 77 **Commune de Lévadie** :

Sésame.

316 78 **J. N. Zavitsanos**, de Nauplie :
Sésame et Cumin.

317 79 **Commune de Nauplie** :
Cumin et anis.

318 80 **Commune de Lévadie** :
Anis.

319 81 **Commune d'Anaphie**, de Théra :
Sauge aromatique.

320 82 **Commune de Nauplies** :
Sauge.

321 83 **Charilaos et Ralli** :
Huile par sulfure de carbone de l'Huilerie d'Eleusis.

— Cet établissement a été fondé en 1877. La valeur des bâtiments et des machines est evaluée à 280,000 fr. La machine a une force de 8 chevaux. Le produit de l'huile de noyaux d'olives est expédié à Marseille.

322 84 **B. Giouros** :
Huile par sulfure de carbone.

323 85 **S. N. Zavitsanos** :
Graine d'Olive.

324 86 **Commission Centrale** :
Collection d'Huiles des communes suivantes:
Commune de Mégare.
» d'Amphissa-Parnasside.
» d'Antikyrra. »
» de Chalcis.
» d'Ægée-Limmi.
» d'Hestiée-Xérochori.
» d'Eurostines-Corinthie.
» de Corinthie.

» de Didymes.
» d'Andros.
» deNaphthiès - Zante.
» de Polyctorie. Ithaque.
» d'Ithaque.
» d'Aetolicon.
» d'Epidaure.
» de Macrynie.

— La production de l'huile est évaluée à 20,000,000 oques. Une grande partie de l'huile produite est exportée en Autriche, en Angleterre et en Turquie, ainsi que dans d'autres Etats. Le revenu des plantations d'olivières de la Grèce a beaucoup augmenté, et la production de l'huile s'est sensiblement améliorée à la suite de l'installation de pressoirs plus parfaits, dont quelques-uns pressurent exclusivement les noyaux des olives, qui autrefois ne rapportaient aucun revenu; mais aujourd'hui on estime qu'ils rapportent près de 12 millions d'oques d'huile de noyaux, dont on tire de l'huile pour une valeur approximative de 400,000 drachmes.

On compte en Grèce 11 établissements à vapeur de pressoirs d'olives, qui réunissent une force de 192 chevaux. Sur ces 11 Etablissements, il y en a 4 pour l'huile de noyaux.

325 87 **J. S. Maléas**, de Mégare :
Huile.

326 88 **C. Vikélas** :
Huile.

327 89 **P. E. Giannopulos**, à Athènes :
Huile.

328 90 **E. Apostolidès**, *de la propriété de M. de Mimon*, Xirochori :
Huile.

329 91 **A. Contoguris**, de Patras :
Huile.

330 92 **A. Strayokidès,** de Zante :
Huile.

331 93 **J. Damaskinos,** de Corfou :
Huile.

332 94 **S. Makédos,** de Corfou :
Huile.

333 95 **Frères Mylonopulos,** de Corfou :
Huile.

334 96 **J. A. Pierris,** de Corfou :
Huile.

335 97 **S. N. Zavitsanos,** de Nauplie :
Huile.

336 98 **C. Evangélis** :
Collection complète de cire et de bougies.

— L'établissement de cet exposant est le plus important de tous ceux qui existent en Grèce.

337 99 **J. Stamatis** :
Collection de cire et de bougies.

338 100 **Commission Centrale** :
Collection de cire blanche, jaune et en cierges de différentes grandeurs, des communes suivantes :

Commune de Thèbes.
» d'Aulis - Thèbes.
» de Pérachora - Corinthie.
» de Corinthe - Corinthie.
» de Kranide - Spetzia.

— La production totale de la cire en Grèce peut être évaluée approximativement à 40,000 oques.

339 101 **B. Karnésis,** Mégaride :
Cire jaune.

340 102 **Etablissement religieux de l'Evangélistrie,** à Tinos :
Cire blanche et jaune.

341 103 **P. Bouas,** Corfou :
Cire jaune.

342 104 **Commune de Salamis** :
Résine.

343 105 **Commune d'Idyllie** :
Résine.

344 106 **C. Galatis,** Mégare :
Poix résine.

345 107 **S. N. Zavitsanos** :
Marc de vin.

346 108 **Commission de Doriée,** de Parnasside :
Tabac de Gravias.

347 109 **Commission Centrale** :
Collection de tabacs Grecs, en balles, en feuilles,— coupés, — en cigarettes, et cahiers à cigarettes helléniques des Communee suivantes :

Commune d'Aetolicon : tabac aromatique et tabac du pays..
» de Missolonghi.
» Parachéloïde, Missolonghi.
» d'Olène, Missolonghi.
» de Macrynia, Missolonghi.
» d'Agrinium, Trichonia : tabac aromatique et tabac du pays.
» de Thermos : tabac et graine de deux espèces.
» d'Hestiée, Xirochori.

» de Nauplie.
» de Sperchïade, village Aga.
» de Macracomis.
» d'Hydra.
» de Lamia, village Tsopanaladès.
» de Paracheloïton, village Styrphaca.
» de Larissa, village Gardikion.
» d'Héraclioton.
» de Phalarès, village Aulakïon.
» d'Acrolophiton, de Corfou.
» d'Argos.
» de Mycènes.
» de Prosimnéon.

— Les échantillons exposés des tabacs grecs en balles, en feuilles, coupés de deux manières, et en cigarettes, composent une collection qui renferme toutes les espèces de tabacs cultivés en Grèce.

La culture du tabac s'est étendue dans ces dernières années jusqu'à 42,000 stremmes de superficie environ, et le produit de cette culture a été évalué à 3,130,200 oques. En 1860 la culture du tabac ne dépassait pas 26,000 stremmes, et son produit 1,070,000 oques. La moitié à peu près du tabac produit est exportée, et le surplus avec celui qui est importé des autres pays et surtout de la Turquie, se consomme dans le Royaume, où l'on a estimé qu'il se consomme environ 2,000,000 d'oques, consommation qui représente 137 oques et 190 drammes pour 100 habitants, soit en kilogrammes 176,25.

La qualité des tabacs grecs s'est sensiblement et considérablement améliorée dans ces dernières années, et presque tous les défauts qu'on leur reprochait autrefois ont complètement disparu. Les tabacs grecs se distinguent particulièrement par leur couleur et leur arôme pur.

348 110 **E. Apostolidès**, *de la propriété de M. de Mimon* :
Tabac.

349 111 **X. N. Zavitsianos**, de Nauplie :
Tabac, de trois qualités.

350 112 **N. D. Zotos,** du village Coufodendra:
Tabac.

351 113 **G. Grammaticopulos,** de Zante:
Tabac.

352 114 **J. Nikolakis,** de Corfou :
Tabac.

353 115 **S. Mantsaros,** de Syra :
Cigarettes et tabac coupé.

354 116 **M. Zacharaki,** de Syra :
Cigarettes et tabac coupé.

355 117 **J. Lachanas,** de Parnassis :
Savons.

356 118 **E. Philiotis,** de Zante :
Savons.

— Dans plusieurs villes de la Grèce on fabrique du savon ordinaire; dans quelques-unes il y a des savonneries dont le plus grand nombre n'ont pas d'importance au point de vue industriel. Parmi ces établissements, 8 à Zante, 5 à Corfou, 2 à Lamia, 2 à Stylis, 1 à Amphissa, 5 à Triphyllie, 2 à Zante, 1 à Corfou sont les plus importants.

357 119 **G. Mustacoulas,** de Corfou:
Vernis pour les chaussures.

358 120 **T. Provatas,** de Corfou :
Teinture noire.

359 121 **Frères G. Dessila,** de Corfou:
Produits chimiques.

Eau distillée de fleur d'orange.
» » de cédrat.
» » de menthe poivrée.
» » de romarin.

» » de rot.
» » d'absinthe.
» » de lavande.
» » de camomille.
Carbonate de fer effervescent.
Citrate de magnésie effervescent.
Huile de foie avec iodure de fer.

360 122 **S. N. Zavitsianos :**

Onguent.

361 123 **A. Diamantidès :**

Echantillons de colle forte fabriquée avec des rognures de peau.

362 124 **Commission Centrale :**

Collection des eaux minérales thérapeutiques de différentes sources de la Grèce, savoir:

D'Hypati.
Des Thermopyles.
D'Aedipsos, de trois différentes sources et de la source de Saint-André.
De Loutraki
De Kythnos, de la source de Kakavo.
De Cyllène, de la source principale et du bassin.
De Kaïpha, de la grande galerie de la grotte Méthéna.
De Méthane, de la source Vromolimni et d'une autre source dernièrement découverte.
D'Hermioni, du Monastère de St Anargyro.
De Cythères, de Monastère de Sainte Eléussa.
De Naxos, de la Monastère des St Anargyro.
De Théra, de la source Stothermi.
De Mélos, de la source Mandraki et Vourka.

— Sur les eaux minérales des sources de la Grèce ci-dessus nommées il a été publié à part un court mémoire descriptif, qui donne aussi les résultats des observations thermométriques et barométriques, ainsi que les analyses faites jusqu'à présent.

363 125 **Commune de Naphties**:
Eau de poix-asphalte du village de Kéri, à Zante.

364 126 **Commune d'Arcadie**:
Eau minérale de l'endroit Vromonéri.

365 127 **Commune de Potamies**:
Eau ferrugineuse.

— L'industrie du corroyage constitue l'une des industries les plus importantes de la Grèce; elle s'excerce plus particulièrement à Syra, où il existe 9 ateliers de corroyage qui fonctionnent depuis de longues années. Le premier a été installé en 1834, et le dernier en 1872. La production annuelle de tous ces établissements est évaluée à 10,000,000 de francs.

366 128 **Commune d'Amphissa**:
Cuirs corroyés.

367 129 **Commune de Cythère** :
Cuirs de bœuf corroyés.

368 130 **Etablissement de P. Kalouta**, à Syra:
Cuirs corroyés d'après le système français.

— Cet établissement est le plus ancien de la ville. Sa production annuelle monte à 3,000,000 de francs.

369 131 **Etablissement d'Elias Kotaki**, à Syra:
Cuirs de six espèces corroyés.

— Cet établissemcut a été fondé en 1872. Il occupe environ 15 ouvriers par jour, et sa production annuelle est évaluée à 200,000 francs.

370 132 **Commune d'Andros** :
Cuirs corroyés de quatre espèces.

GROUPE VI.

Outillage et procédés des industries mécaniques.

371 1 **Compagnie hellénique de bateaux à vapeur,** à Syra :

Machine à vapeur à quatre cilindres.

— Le Compagnie Hellénique des Bateaux a Vapeur a fondé en 1861, pour la construction et la réparation des machines de bateaux, un atelier qui non seulement suffit aux besoins du service de la société, mais construit aussi toutes sortes de machines qui peuvent soutenir la comparaison avec celles qui sortent des ateliers européens.

372 2 **Etablissement de G. Basiliadès,** au Pirée :

Chaudière verticale amovible, à foyer intérieur, un bouilleur et tubes en laiton verticaux et inclinés.

Surface de chauffe 7,00 Mètres carrés. Diamètre extérieur de la chaudière 1,10. Hauteur de la chaudière, la cheminée non comprise, 2.50. Espace nécessaire pour la chaudière et pour son chauffage, 2.50 × 1.50.

Avantages de ce système de chaudière :

1° Production rapide de vapeur.

2° Economie considérable de combustible.

3° Dessication complète de la vapeur sortant de la chaudière, à cause du passage de la boîte à fumée.

4° Volume restreint comparativement à la surface de chauffe.

5° Nettoyage facile, à cause de l'amovibilité de la chaudière.

6° Ramonage aussi facile par le haut en déplaçant la chenée, ou par un jet de vapeur.

— Cet établissement, fondé en 1861, possède une fonderie complète, qui lui permet de construire toutes sortes de travaux pour les besoins de l'agriculture, de la marine et de l'industrie.

Cet atelier rend des services signalés au pays, et notamment à l'agriculture, par la confection des charrues perfectionnées et de tous les outils nécessaires à la culture de la terre.

Outre cet atelier, il y en a en Grèce 5 autres pour la construction des machines, deux encore au Pirée, un à Patras, et deux à Syra.

373 3 **Etablissement des fils G. Glykas,** à Syra :

Collection de cordages.

374 4 **C. Michalas,** à Corfou :

Sac de chasseur.

375 5 **P. Gravenger** :

Appareil électrique de nouvelle invention.

— Cet élément électrique destiné uniquement pour l'usage des sonnettes électriques, ayant des avantages supérieurs aux éléments en usage, a la propriété de donner un courant électrique intense et durable pendant plusieurs années, sans qu'on ait besoin de le réparer ou de renouveler les matières qui le constituent.

376 6 **Commission centrale** :

Collection de matériaux de construction.

377 7 **N. Pappapetros** :

Modèles de 4 navires avec esquisse.

— C'est à Syra et à Galaxidi que se trouvent les deux plus importants chantiers de construction navale de la Grèce. On y construit chaque année plus de 100 navires d'une contenance moyenne d'environ 11,000 tonnes.

378 8 **N. Salomos** :

Modèles de 3 navires.

379 9 **P. Boumis,** de Syra :

Modèle de navires.

GROUPE VII.

Produits alimentaires.

380 1 **Commission Centrale** :

Collection de froments des communes suivantes :

Commune de Mégare. — de Salamis. — d'Idyllie. — de Thespie. — de Thisbé. — d'Akrephnion. — de Platée. — de Ténagre. — d'Aulide. — de Lévadie. — d'Elatia. — d'Hypati. — de Lamia. — de Krémasti-Larissa. — d'Héracliotès. — de Sperchiade. — de Macracomis. — de Parachéloïton. — de Phalarès. — d'Antikyrra. — de Chalcis. — de Messapion. — de Kyrée. — de Nilée. — d'Egée. — de Missolonghi. — d'Olénia. — de Parachéloïtide. — de Macrynia. — d'Oeniadès (Vonitza). — de Dyme (Patras). — d'Erinéos. — de Pharon. — de Calavryta. — de Minoa. — de Nauplie. — de Pellène (Corinthie). — de Némée. — d'Eurostines. — de Pérachora. — de Phénéos. — de Corinthie. — de Cléonée. — de Cythère. — de Didymes (Spetzia). — de Kranidi (Spetzia). — de Tripolis (Mantinée). — d'Orchomène (Mantinée). — de Mantinée. — de Korythium (Mantinée). — de Mégalopolis. — de Phalœsie. — de Tégée. — de Pylie. — de Lykossoura. — de Gorthion. — de Polyctoris. — de Sicyone. — d'Argos.

381 2 **Ph. J. Philon,** de Lévadie :

Froment.

382 3 **S. N. Makédos,** Corfou :

Froment doux, produit du grain d'Australie.

383 4 **G. Vlachos,** Corfou :

Froment.

384 ȣ **E. Tombasis :**

Froment.

D'après les essais faits, le poids par hectolitre des blès exposés est comme il suit :

	kilogram.
Macrinia	72
Parachéloïdes	73
Œniades	73
Pellène	74
Parachéloïton	76
Phalésia	76
Macracomis	76
Eurostimes	76
Orchomène	76
Krémasti-Larissa	76
Sicyone	77
Kyrée	77
Mégare	77
Hypati	77
Sperchiades	77
Ph. J. Philon	77
Tripoli	77
Polyctories	77
Didymes	78
Krémasti-Larissa	78
Cléonée	78
Olénia	78
Pellène	78
Pérachora	78
Elatia	78
Salamis	78
Jean Sakellariadès	78
Mégalopolis	78
Héracliotès	78
Corinthe	78
Korythium	78
Phalarès	78
Lévadie	78

	kilogram.
Missolonghi	79
Ténagre	79
Antikyrra	79
Mantinée	79
Gorthion	79
Aulide	79
Tégée	79
Calavryta	79
Némée	79
Phénéos	79
Cythère	79
Lycossoura	80
Minoa	80
Thisbé	80
Pharon	80
Aulide	80
Cranidi	80
Elatia	80
Nillée	80
Erinéos	80
Thespie	80
Dymé	80
E. I. Tombazis	80
Cythère	80
Akraephnion	80
Platée	81
Nauplie	81
Chalcis	81
Egée	82
Messapion	82
Lamie	83
Idyllie	84

— La production du froment pendant l'année 1877 a été évaluée à 4,500,000 kilés, et elle provient d'une superficie de 1,600,000 stremmes.

La froment produit en Grèce prend de ses différentes variétés des noms distinctifs divers, savoir: bled roussia, bled monologi, bled griminia, bled platina, bled déminite, bled saparni, bled rouge.

385 6 **Commission Centrale**:

Collection d'orges des communes suivantes:

Commune de Mégare. — de Salamis. — d'Aulide. — de Thespie. — Platée. — d'Akræphnion. — de Ténagre.—de Lévadie.—de Krémasti-Larissa. — d'Antikyrra. — de Lamia. — de Messapion. — de Kyréon. — de Nilée. — d'Egée. — de Missolonghi.— de Parachéloïtide. — d'Olénia. — d'Erinéos. — de Nauplie. — de Minoa. — de Didymes. — de Kranidi. — de Nilée. — de Corinthie. — d'Eurostine. — de Pérachora. — de Sicyone. — de Phénéos. — de Cléonée. — de Tripolis. — de Mégalopolis. — de Ténos. — de Kythnos. — de Taffies. — d'Elatia. — de Polyctoris.

386 7 **Th. Theophanopulos**:

Orge.

— La production de l'orge a été évaluée pendant la même année à 2,190,000 kilés, sur une superficie de 700,000 strem.

387 7 **Commission Centrale**:

Collection de maïs des communes suivantes:

Commune de Lévadie. — de Lamia. — de Krémasti-Larissa. — d'Hypati. — de Sperchiade. — de Phalarès. — de Macracomis. — de Parachéloïton. — d'Héracliotès. — d'Olénia. — de Missolonghi. — d'Oeniades. — de Parachéloïdes. — d'Elatia. — de Naupacte. — de Chalcis. — de Messapion. — de Kiréon. — de Nilée. — d'Egée. — d'Hestiée. — de Dymé. — d'Erinéos. — de Pharon. — de Calavryta. — d'Argos. — de Némée. — de Cléonée. — de Phénéos. —

de Korythium (Mantinée). — de Mégalopolis. — de Phalésiæ. — de Lycossoura. — d'Hypati.

388 8 **P. J. Philon** :
Maïs.

389 9 **E. Tombasis** :
Maïs.

400 10 **G. Vlastos**, de Corfou :
Maïs avec sa tige.

401 11 **A. Mansolas**, du village de Vardates, en Phthiotide:
Maïs.

402 12 **S. N. Makédos**, de Corfou :
Maïs.

403 13 **G. Tzirigotis**, de Corfou :
Maïs avec sa tige.

404 14 **Commune de Lévadie** :
Riz non mondé.

405 15 **S. Pouliassis** :
Seigle et plant de seigle.

406 16 **Commune de Krémasti-Larissa** :
Avoine et pois chiches.

407 17 **Commune d'Aulide** :
Pois chiches et vesces.

408 18 **Commune de Kyréon** :
Pois chiches et seigle.

409 19 **Commune de Nilée** :
Pois chiches.

410 20 **Commune de Kranidi** :
Méteil

411 21 **Commune de Missolonghi:**
Avoine.

412 22 **Commune d'Olénia** :
Avoine.

413 23 **H. Cryssi**, Syra:
Produits des pâtes alimentaires.

414 24 **A. Nicolias**, Syra:
Produits des pâtes alimentaires.

— Il y a en Grèce dans 18 villes et bourgs 44 moulins à farine mus par la vapeur, qui réunissent ensemble une force de 875 chevaux et de 128 paires de meules. Ils moulent annuellement du bled pour une valeur de 23,000,000 de fr. Outre ces moulins il y a encore environ 3,000 moulins hydrauliques, et 700 moulins à vent. On compte 12 fabriques de pâtes alimentaires, qui donnent des produits remarquables.

415 25 **Commune d'Idyllie**:
Beurre.

416 26 **Commune de Lilanti**:
Beurre.

417 27 **Commune de Kyréon** :
Beurre.

418 28 **Commune de Phénéos**, de Corinthie:
Beurre.

419 29 **Commune de Mégalopolis**:
Beurre.

420 30 **Monastère de Saint Lucas**, à Lévadie:
Fromage de vache.

421 31 **Monastère de Jérusalem**, à Lévadie:
Fromage.

422 32 **Commune de Doriée**, Parnassis:
Fromage de vache.

423 33 **L'Evangélistrie**, Monastère à Ténos:
Fromage (misithra).

424 34 **Commune de Caryœ**, Leucade:
Fromage.

425 35 **Commune d'Antikyrra**, Parnassis:
Fromage.

426 36 **Commune d'Amphissa**, Parnassis:
Fromage.

427 37 **Commune de Cythère**:
Cailles salées.

428 38 **P. Tzoutzouris**, de Salamis:
Polype.

429 39 **D. Karnésis**, de Salamis:
Polype.

430 40 **S. Louvros**:
Boutargues

431 41 **J. Catzaros**:
Collection des crustacés et de sèches salés.

432 42 **Commision Centrale**.
Collection des Lentilles des communes suivantes: Commune de Lamia. — d'Elatie. — d'Histée. — de Nauplie. — de Caryœ (Leucade). — de Polyctories (Ithaque).

433 43 **G. Vlachos**, de Corfou:
Lentilles.

434 44 **Commission Centrale.**

Collection de haricots des communes suivantes :

Commune d'Héracliotès. — de Lilantion. — de Kiréon. — d'Oeniades. — de Némée. — de Phénéos. — d'Evrystènes. — de Krémasti-Larissa. — de Calliphonias (Kalavryta). — de Sosthénion.

435 45 **G. Vlachos**, de Corfou :

Haricots.

436 46 **Commission centrale.**

Collection de pois-chiches des communes suivantes:

Commune de Thespie. — de Thisbé. — de Lamia. — de Krémasti-Larissa. — d'Elatie. — d'Antikyrra Parnassis. — de Kiréon. — d'Histiée. — de Macrinia. — de Sosthenion.

437 47 **M. Vlachos**, de Corfou :

Pois chiches.

438 48 **Ph. J. Philon** :

Pois chiches.

439 49 **Commission de Lilanti** :

Pommes de terre.

440 50 **Commune de Korythium** :

Pommes de terre.

441 51 **G. Vlachos**, de Corfou :

Pommes de terre.

422 52 **Commune d'Aulide** :

Vesces.

443 53 **G. Vlachos**, de Corfou :

Vesces.

444 54 **Commission centrale** :

Collection de Fèves des communes suivantes :

Commune de Lamia. — de Krémasti-Larissa. — de de Chalcis. — de Messapion. — de Kirée. — de Nilée. — d'Aedipsos. — de Macrynia. — de Nemée. — de Tégée.

445 55 **G. Vlachos**, de Corfou :

Pois. — Pommes de terre douces.

446 56 **Commune d'Olénia** :

Oignons.

447 57 **Commune de Krémasti - Larissa** :

Oignons et graines d'oignons.

448 58 **Commune de Sosthenion** :

Oignons et graines d'oignons.

449 59 **G. Vlachos**, de Corfou :

Oignons.

450 60 **G. Vlachos**, de Corfou :

Aulx.

451 61 **G. Vlachos**, de Corfou :

Citrouille.

452 62 **J. Karbakaris**, de Corfou :

Citrouille.

453 63 **G. Vlachos**, de Corfou :

Noisettes. — Noix. — Amandes. — Pignons. — Oranges. — Cédrats. — Jujubes.

454 64 **Pepinière nationale** :

Fruits de Pistachier [Pistacia Vera Lin] de la récolte des années 1875 - 1876.

— Cet arbre, cultivé dans la pépinière nationale depuis 6 ans est introduit et prospère dans toute la Grèce, greffé sur le *Pistacia Terebenthus*, arbre indigène qui couvre tout le bas des pentes des montagnes du Péloponnèse.

455 65 **Th. Orphanidès** :

Coltection des fruits de toud les Hesperides cultivés en Grèce.

456 66 **Sp. Pavlidès** :

Pistaches.

457 67 **Commune de Lilanti** :

Noix.

458 68 **Commune d'Hestiée** :

Noix.

459 69 **Commune d'Andros** :

Noix épluchées.

460 70 **Th. Orphanidès** :

Collection des différentes variétés de raisins de la Grèce.

461 71 **Commission centrale.**

Collection de raisins secs de Corinthe, des communes suivantes :

Commune d'Argos — de Sicyone. — de Corinthe.— d'Eugyre. — de Polyctories. — de Letrium.

— La production du raisin sec pendant l'année 1877 est évaluée à 175,000,000 de livres, provenant de la culture d'une superficie de 370,000 stremmes. La superficie occupée par les raisins augmente chaque année, et comparativement à l'étendue occupée en 1867 — 155,000 strem., celle d'aujourd'hui présente un augmentation du double.

La culture du raisin blanc, connu sous le nom de raisin de Smyre ou razakia, a été introduite depuis peu d'années, et a paru donner des résultats assez satisfaisants.

462 72 **N. L. Méssinési,** de Patras :
Raisins secs.

463 73 **Sot. Oeconopulos,** d'Egium :
Raisins secs.

464 74 **D. Polychroniadès,** d'Egium :
Raisins secs.

465 75 **J. Komoutos,** de Zante :
Raisins secs.

466 76 **G. Vlachos,** de Corfou :
Raisins blancs.

467 77 **A. Gouliaris** :
Raisins.

468 78 **P. N. Zavitsanos,** de Nauplie :
Raisins blancs.

469 79 **Commune de Nauplie** :
Raisins blancs.

470 80 **P. Mbacatzoulas** :
Raisins blancs.

471 81 **Commune d'Andros** :
Figues.

472 82 **Commune de Sosthénion** :
Figues

473 83 **S. Capellos,** de Corfou :
Olives conservés.

474 84 **A. Frangoulis,** de Corfou :
Pikles.

475 85 **A. Dessylas,** de Corfou :

Pikles.

476 86 **N. Aspiotis,** de Corfou :

Olives conservés.

477 87 **A. Fournari** :

Olives. — Capres. — Cornichons et petits concombres conservés.

478 88 **Etablissement Solon et Fils,** Athênss :

Divers produits de confiserie et sucrerie, savoir : Dragées, fondants, bonbons, etc.

— Cette maison est un des établissements les plus importants de Confiserie de la Grèce. Elle fabrique tous les articles de cette spécialité, bonbons, fondants, fruits glacés, etc., etc., qui peuvent soutenir la concurrence avec ceux de l'Europe, dont on importait auparavant une grande quantité.

479 89 **Etablissement de S. Paulidès,** à Athênes :

Divers espèces de chocolats. — Bonbons. — Loucoumi. — Fruits confits et cristallisés. — Miel de l'Hymette. — Gâteaux de miel.

— Cet établissement, fondé il y a une trentaine d'années environ, fabrique des sucreries de toute espèce, bonbons, dragées, fruits confits, confitures, sirops divers et chocolat, pour la fabrication duquel il possède une petite machine à vapeur.

480 90 **J. Dapolas,** de Syra :

Loucoumi.

481 91 **L. Stamatelakis,** de Syra :

Loucoumi.

482 92 **C. Pappageorgos,** de Corfou :

Loucoumi. — Confiseries. — Sucreries.

483 92 **C. Georgacopulos** :
Pickles.

484 93 **Th. Karastellopulos**, de Corfou :
Confiseries.

485 94 **P. Infantis**, de Corfou :
Chocolat.

486 95 **A. Frangulis**, de Corfou :
Fruits confits et cristallisés.

487 96 **A. Kokkinos** :
Fruits confits.

488 97 **Etablissement de G. Solon** et **Fils** :
Collection de sirops et liqueurs sucrées.

— Les liqueurs exposées par cet établissement, dont il a été parlé plus haut, et dont la fabrication a commencé en 1871, sont les suivantes : Anisette, Curaçao, Marasquin, Crème de Cacao à la Vanille, Chartreuse jaune, China-China Nectar, Crème de Roses, de Menthe, de Noyaux, de Citron, de Mandarines, Vermouth, Elixir amer stomachique.

489 98 **Etablissement S. Pavlidès** :
Collection de sirops et liqueurs sucrées.

490 99 **Etablissement de M. Palmoustos**, à Syra :
Collection de sirops et de mastic.

— L'établissement de Michel Palmoustos à Syra a été fondé en 1860.

On y fabrique diverses sortes de boissons alcooliques : Mastic, Fleurs de rose, Eau de fleurs d'oranger, Eau de rose, Eau d'écorce de Cédras, d'Orange. Vin rouge. Il possède trois chaudières différentes d'une capacité de deux cent cinquante oques chacune.

Le débit annuel en vin résiné arrive au chiffre de quarante mille oques ; en vin rouge à sept mille cinq cents oques ; le débit en boissons alcooliques, et surtout en Mastic, à cent cinquante oques par jour.

491 100 **L. Sypsomos,** de Patras :
Liqueurs, imitation de curaçao et de fleurs d'Eucalypte.

492 101 **E. Kokkinos,** de Corfou :
Collection de sirops et de liqueurs sucrées.

493 102 **C. Mangiolos,** de Corfou :
Collection de sirops et de liqueurs sucrées.

494 103 **T. Karastellopulos,** de Corfou :
Collection de sirops et de liqueurs sucrées.

495 104 **P. Infantis,** de Corfou :
Collection de sirops et de liqueurs sucrées.

496 105 **Ph. Carvounis,** de Corfou :
Collection de sirops et de liqueurs sucrées.

497 106 **Ch. Pappageorges,** de Corfou :
Collection de sirops et liqueurs sucrées.

498 107 **Commission Centrale.**
Diverses qualités de miel des communes suivantes: Commune de Salamis. — de Pérachora. — de Corinthe. — de Cranidi. — de Panorme (Ténos). — de Gavrion (Andros). — de Naphthie (Zante). — d'Erinéos.—de Siphnos.

499 108 **Ch. Collas,** d'Athènes :
Miel d'Attique.

500 109 **Etablissement de G. Solon et Fils :**
Collection de vins.

— L'établissement de vinification de G. Solon et Fils, fondé en 1871, fait des vins de toute espèce, et particulièrement avec des raisins de l'Attique. Les vins exposés sont de quatre espèces, savoir :

1° Vins blancs d'Athènes.
Côtes de Parnès des années 1874 et 1877.

2° Vins rouges d'Athènes.

Côtes de Parnès des années 1872 et 1877.

3° Vins de liqueurs.

Vin de Phalère, vin muscat des années 1874 et 1875.

4° Vins des îles, des années 1875 et 1876.

Ces produits s'écoulent dans l'intérieur de la Grèce et dans quelques pays de l'Orient, et surtout à Constantinople.

501 **110 C. Cassaveti** :

Collection de vins en bouteilles.

— Cet exposant tire ses vins des vignobles qu'il cultive lui-même. Il fait du vin rouge et du vin blanc avec du raisin sec.

502 **111 C. Petsalis** :

Collection de vins blancs et rouges.

— Les vins exposés sont de deux espèces, vin blanc des récoltes de 1872 et de 1873, et vin rouge des récoltes de 1873 et de 1875. Ils proviennent du crû de la propriété de l'exposant, village de Varvara, commune d'Istiée de l'ancienne Istia sur l'Eubée.

L'exposant produit annuellement environ 60,000 oques de vin.

503 **112 G. Georgandas** :

Collection de vins.

— L'exposant ci-dessus est le premier qui a fondé, en 1852, à Kiphissia dans l'Attique, un établissement de vinification. Il cultive des vignes et des vignobles, dont il tire les vins qu'Il fabrique selon la méthode française. Les vins blancs ont un arôme et un bouquet remarquables. Il produit trois espèces principales de vins, blancs, rouges, et ordinaires rouges.

Les vins exposés sont vin blanc de 1874 et vin rouge de 1876.

504 **113 Commission Centrale.**

Collection de vins des communes suivantes :

Commune d'Oedipsos. — de Myrtountion. — de Calavryta. — de Chalcis. — de Didymi. — d'Andros. — de Thira. — d'Hopitaïdes. — de Sfakiotes (Leucade). — d'Exanthie (Leucade). — d'Ithaque. — d'Hestiée. — d'Eurosthènes. — d'Oetolicon. — de

Némée. — d'Argos. — de Lyrkie. — de Mégare. — de Milo (vin cuit au soleil de 1875 et 1877, vin rouge ordinaire de 1876 et 1877, vin résiné de 1877).

— Les vins de l'île de Milo sont tous aromatiques comme ceux de Thira, et ils peuvent être rangées parmi les plus exquis de la Grèce. Les vins exposés par la commune de Milo sont de quatre espèces :

Vins fins de la récolte de 1875 (de dessert).
Vins de la récolte de 1877.
Vins résinés de la récolte de 1877.
Vins des récoltes de 1876 et de 1877.

505 **114 Elablissement de L. Sypsomos,** Patras :
Collection de vins.

— L'établissement de vinification représenté par l'exposant ci-dessus provient du premier établissement de ce genre fondé en Grèce, en 1857, par un Société anonyme, qui avait une capital social d'un million de drachmes, et qui a été dissous quelques années plus tard.

Les vins exposés proviennent de la récolte de l'année 1867, et ils sont de trois espèce :

1° Vins rouges de raisins.
2° Vins blans de raisin sec de Carinthe.
3° Vins rouges de raisin sec de Corinthe.

La valeur totale des produits annuels est évaluée à 70,000 fr.

506 **115 Etablissement de M. Palmoustos,** de Syra :
Vins.

507 **116 Société de Fabrique de vins « L'Achaïe, »** à Patras ;
Collection de vins.

— Cette Société, fondée en 1872, produit des vins de raisins et de raisin sec de Corinthe, et spécialement des vins de dessert ayant un arôme et un bouquet fins et délectables.

508 **117 Etablissement des frères Tripou** :
Collection de vins.

— Cet établissement de vinification, fondé en 1868, a introduit dans sa fabrique de notables améliorations depuis l'année 1871. Il fait des vins rouges exquis de raisins de Corinthe. Sa production annuelle s'élève à environ 200,000 oques, et il ne tire de ses caves pour la vente que des vins de trois années. Les vins de cet établissement, connus sous le nom de vins d'Acrocorinthe, sont importés en grande quantité en Allemagne.

Il expose une seule espèce de vin, le vin rouge de 1874. Les analyses qu'on en a faites ont constaté qu'il renferme une quantité notable d'acide tannique, 0,104 %.

509 118 **N. De-Cigalas:**

Collection de vins de l'île de Thira.

— Les vins de l'île de Thira peuvent être regardés comme les plus exquis des vins grecs.

Leur production annuelle est évaluée à 3 ou 4 millions d'oques.

Les quatre cinquièmes des vins de Thira sont légèrement acidulés et secs, soit rouges, soit blancs, et l'autre cinquième se compose de vins doux, rouges ou blancs, connus sous le nom de *vino santo*. A Thira règne l'usage d'exposer les raisins au soleil, pour produire un vin plus doux, plus spiritueux et contenant plus de substances succulentes. Et c'est principalement de cette manière que l'on prépare tous les vins sucrés de cette île.

L'exposant, propriétaire et cultivateur de vignobles, a fondé depuis plusieurs années à Thira un établissement de vinification, qui produit des vins excellents, qu'il exporte en Angleterre, en Allemagne, en Hollande et en Belgique.

Les vins exposés sont les suivants:

1° Vins blancs d'Ascania (vins de dessert).
2° Vins rouges d'Ascania.
3° Vins rouges d'Ascania.
4° Vins appelés «vins d'amour.»

510 119 **C. Pavlatos:**

Vin de quinquina.

511 120 **A. Koragios,** de Corfou:

Vin.

512 121 **J. Ventouros,** de Corfou:

Vin blanc et rouge.

513 122 **A. Mekados,** de Corfou :
Vin.

514 123 **A. Papadopulos,** de Corfou :
Vin.

515 124 **D. Boudras** :
Vin résiné.

516 125 **E. A. Toul,** de Céphalonie :
Vin blanc et vin rouge.

517 126 **J. Pelleter** :
Vin rouge.

518 127 **L. Mantzinis** :
Vin blanc, rouge, barbera et vinaigre.

519 128 **C. Sclavenitis** :
Vin blanc.

520 129 **C. Mangiolos** :
Liqueurs spiritueuses.

521 130 **E. Kokkinos** :
Liqueurs spiritueuses.

522 131 **Ph. Karvounis** :
Liqueurs spiritueuses.

523 132 **Frères Phinopulos** :
Collection de liqueurs spiritueuses.

524 133 **Ch. Zogopulos** :
Raki.

525 134 **L. Patsiadès** :
Eaux-de-vie.

526 135 **A. Milakis** :
Eaux-de-vie.

527 136 **M. Palmutzos** :
Eaux-de-vie.

528 137 **C. Jean et Kephalonitès** :
Bierre noire, bierre blanche.

529 138 **C. Lambros**, d'Athênes :
Bierre blanche.

530 139 **C. Terzacopulos** :
Limonades.

Exposition historique de l'art ancien.

---

531 **P. Lambros** :
Collection des monnaies des Francs conquérants de l'Orient, composée de 1,500 pièces.

532 **A. Cordella** :
Collection d'objets antiques de l'art métallurgique, trouvés à Laurium.

533 **C. Polychronopulos** :
Divers outils de l'Epoque préhistorique.

SUPPLÉMENT

GPOUPE I

534 **G. Christodule**:

Oeuvres de chalcographie et de gravures de cachets.

535 **G. Laggé**:

Sculpture sur bois.

536 **D. Calamkakas**:

Son buste en plâtre fait par lui même.

GROUPE III

537 **Petrovitz**:

Table mosaïque de bois du pays.

538 **D. Milas**:

Tables mosaïques faites de 19 espèces de doís du pays.

539 **C. Polychronopulos**:

Différents costumes de la Grèce représentés en peinture sur des morceaux de marbre du pays.

GROUPE V

540 **S. Kairophylakas**, de Zante:

Savons.

541 **Etablissement de G. Lagourou**, à Syra:

Collection de cuirs.

GROUPE VI

542 **Michel Coufoudaki**, à Syra:

Modèle de navire.

ERRATA

Première partie

Page	*Ligne*	*Au lieu de*	*Lisez*
2	34	sout	sont
»	»	Laïgète	Taïgète
6	7	em	en
7	27	et les	et ils.
»	29	Milos	Milo
9	14	»	»
»	21	»	»
10	13	et de	est de
»	26	manimun	minimum
16	3	recensée	recensés
»	4	que leurs	que les leurs
24	24-25	des métier	des métiers
»	33	et une terre	une terre
25	32	provinces des intustriels	provinces le nombre des..
26	3	comme suit	comme il suit.
30	23	Désès	Décès
»	27	habitans	habitants
»	32	chiffers	chiffres
40	29	avec 11 professeurs	avec 23 professeurs
42	10	PROFESSIONEL	PROFESSIONNEL
50	18	depourvoir	de pourvoir
»	23	métier	métier
52	7	des buvrages	des ouvrages
54	12	elles conprennent	elles comprennent
55	26	du sentimant	du sentiment
56	12	et entretiene	et entretient
»	12-13	composte de	composée de
»	19	Le Syllogue	Ce Syllogue
57	4	Syllogue «Capodistria» et Syllogue «Phénix»	Syllogue «Capo-d'Istria» et Syllog. «Le Phénix»
»	13	Hadzi Costa, fondé	Hadzi Costa a été fondé
»	17	couvenables	convenables
»	23	les plus appropriées	les plus appropriés

Page	*Ligne*	*au lieu de*	*Lisez*
57	27	qui repondent	qui répondent
58	14	de rscueillir	de recueillir
»	14-15	les orphellines	les orphelines
»	16	sont élevés	sont élevées
»	21	au mininum	au minimum
59	17	réunit	elle réunit
»	31	militaires	sciences militaires
»	32	Académiques	Discours académiques
60	30	tont autre	tout autre
63	21	de Pirée,	du Pirée
»	22	refermant	renfermant
»	34	composs de	compose de
64	31-32	d'Antiochie	d'Antioche
»	34	Mytiline	Mytilène
65	25	cpécimens	spécimens
»	27-28	et de échantillons plus	et de plus
69	2	sont éditées	sont édités
76	1	nénamoins	néanmoins
80	29	à 130,000 livres	à 180,000,000 de livres
85	29	stemmes	stremmes
86	2	oques	d'oques
»	30	évuluée	évaluée
88	33	drachmes	de drachmes
91	1	recencement	recensement
»	2	recencement	recensement
92	6	d'élévage	d'élevage
93	1	recencement	recensement
94	14	dans la même province et localité	dans diverses provinces et localités
96	35	se réparti	se répartit
105	19	libre exesice	libre exercice

seconde partie

7	31	prèsse, atelier	presses un atelier
»	32	atelier,	un atelier
14	26	du fils	des fils
»	29	etablisemant	établissement
20	24	Crèce	Grèce

Page	*Ligne*	*Au lieu de*	*Lisez*
21	23, 25, 27	Divers	diverses
22	12	et trèsanciene	est très ancienne
»	18	par la finence	par la finesse
30	10	à l'état	à l'état raffiné
31	3	Cette Usine. Elle a	Cette Usine a
»	19	Bonitsa	Vonitza
32	6	Vallonés	Vallonnées
54	6	toud les Hesperides cultive	toutes les Hespérides cultivées

La note en tête de la page 32 doit être reportée à la page 33, à la suite de la note du n° 291.

ΤΥΠΟΙΣ
ΦΙΛΟΚΑΛΙΑΣ
ΑΘΗΝΗΣΙ

www.ingramcontent.com/pod-product-compliance
Ingram Content Group UK Ltd.
Pitfield, Milton Keynes, MK11 3LW, UK
UKHW020326230726
13925UKWH00002B/646

9 782014 038453